La Revolución Industrial OCULTA

Causa estructural de la crisis económica española y de la U.E.
Conclusiones sobre la crisis industrial mundial: USA y Japón

Gerardo Ibáñez

Prólogo: D. Antonio Asunción,
ex Ministro del Interior Gobierno de España
Epílogo: D. Antonio Adés,
ex Director de Fabricación, España Ford Motor Company

La clave del **Desarrollo Industrial** y por tanto **Económico** de cualquier país consiste en:

- Fabricar los **PRODUCTOS** con la mejor **CALIDAD** posible
- Al **MÍNIMO COSTE** posible
- Pagando los **SALARIOS MÁS ALTOS** posibles

Henry Ford

© **Texto:** Gerardo Ibáñez Gómez

© **Edición:** Editorial La Rosella
     Avd. Diputació, 18
     46610 GUADASSUAR (Valencia)
     www.editoriallarosella.com

La Rosella EDITORIAL

ISBN: 978-84-942697-7-6

Depósito Legal: V-945-2016

Impreso en España por: Set i Set Impressors, S.L.

Primera edición: junio 2016

Dedicado a las personas de mi país, ESPAÑA
y por extensión a todas las del mundo
en el que nos ha tocado vivir.

Los seres humanos, ocasionalmente, tropezamos con la verdad, pero la mayoría se levanta y se marcha rápidamente como si nada hubiese pasado.

Winston Churchill

Pensar es el trabajo más difícil que existe; quizá sea ésta la razón por la que haya tan pocas personas que lo practiquen.

Henry Ford

Si tu intención es describir la verdad, hazlo con sencillez y la elegancia déjasela al sastre.

Albert Einstein

ÍNDICE DE CONTENIDOS

PREFACIO

"Saber la verdad es algo que muchas veces duele,
pero permite que podamos tomar las decisiones correctas"

— Gerardo Ibáñez

Quiero mostrarle algo que puede hacerle estremecer, querido lector: incluso puede parecer el argumento de una película de misterio o de terror...

¿Está preparado?

Imagínese que hubiera un conocimiento que en España desconocemos... Que no lo conocieran ni nuestras universidades, nuestras empresas, los directivos, los asesores, ni la clase política...

Imagínese que ese conocimiento tampoco lo conociera la mayor parte de países del mundo, sino que sólo lo tuvieran las empresas de los países más ricos, y que fuera precisamente el conocimiento que hace que estas empresas sean las más fuertes: las que tienen productos mejores, más beneficios, más ventas y por tanto más empleo...

Imagínese también que el conocimiento fuera intangible, es decir, que si no nos lo cuentan y nos lo muestran, es imposible que podamos saber que existe. Es más, si en algún momento alguien pudiera descubrirlo, lo normal es que no lo considerara importante y por tanto no le prestara atención...

¿Cree usted que las empresas más fuertes nos contarían cómo hacen para ganar más dinero, tener más ventas, pagar salarios más altos, y que sus países tengan mayor poder económico y militar en el mundo? ¿Cuál es su opinión?

Esto es precisamente lo que nos ocurre: nuestras empresas se enfrentan a otras que conocen las "artes marciales" de la gestión de empresas. Nosotros somos fuertes, sabemos pelear, pero nunca nos han entrenado en ellas y, en el "ring" del mundo globalizado en el que nos encontramos, ¡siempre nos ganan!

Este libro se dedica, simplemente, a ponerlo de manifiesto…

Desde finales de los 70 y, fundamentalmente durante la década de los 80, una **comisión sobre Competitividad, especialmente delegada por el presidente Reagan en Estados Unidos** para estudiar los problemas de productividad del país concluyó:

> Por una parte, **que las empresas americanas no eran competitivas porque fracasaban en el área productiva.**

> Por otra, que **las escuelas de negocios de todo el país debían acometer seriamente el desafío internacional y contemplar en sus cursos: las estrategias productivas,** su trasvase a los niveles tácticos de los mandos intermedios y de aquí a los niveles operativos de los cuadros de menor nivel.

> **Comisión presidencial de los Estados Unidos, 1984**

Las empresas de los países más fuertes del mundo han avanzado hacia *la excelencia en la Dirección de Producción y Operaciones como clave para la competitividad:*

> En España seguimos pensando que la clave de la mejora económica es la innovación, el marketing y las finanzas...

> El cambio de modelo productivo en España sólo será efectivo a través **del desarrollo del área de conocimiento en Dirección de Producción y Operaciones,** que hemos ignorado sistemáticamente en nuestras Universidades y Escuelas de Negocio.

> Y esto es sólo el principio...

> *Gerardo Ibáñez, 2012*

PRÓLOGO

D. Antonio Asunción
Ex Ministro del Interior, Gobierno de España

Vivimos en tiempos difíciles. En realidad siempre hemos vivido así. La apuesta del Gobierno español por la entrada en la Comunidad Económica Europea, y su consecución en 1986, fue un gran paso y el comienzo de una ilusión por dejar de ser un país de segunda. La culminación de esa primera parte de la integración se produciría en realidad en el año 1992; el 7 de Febrero se firmó EL TRATADO DE MAASTRICHT, en la ciudad Holandesa del mismo nombre. Europa se volcó en España, al igual que lo hizo con otros integrantes de la Unión, que pasaban a pertenecer a una Europa muy ilusionada: era el comienzo de una nueva era. Debería ser el comienzo de una nueva Europa Solidaria y como no, pensábamos algunos, los cimientos de Una Gran Europa Unida. Si bien el modelo de los Estados Unidos de América no parece que pudiera trasladarse a Europa, nunca imaginé que el proceso desde entonces pudiera llevarse a cabo cuando aquel grupo de líderes políticos –François Miterrand, Helmut Köhl, Margaret Thatcher, Felipe González, Aníbal Cavaco Silva, Andreas Papandreu, Jacques Delors, Mario Soares, etc.–, dejando a un lado las políticas ideológicas y pensando en las personas, diseñó el plan europeo de integración, liderado por Francia y Alemania, que implicaba la dedicación de elevados presupuestos que nos llegaron en forma de los llamados "fondos de cohesión", cuyo único objetivo era conseguir que los países recién integrados se desarrollaran al nivel de los países económicamente más fuertes, y todo este desarrollo beneficiara al conjunto a través del incremento del consumo interno y de la producción global.

Durante más de dos décadas estuvimos recibiendo dinero para invertirlo en todo tipo de infraestructuras, formación, políticas de crecimiento empresarial, universidades y desarrollo de conocimiento; parecía que España comenzaba por fin a salir del oscurantismo económico de más de medio siglo atrás. Sólo cometimos un error: no darnos cuenta de que vivíamos del maravilloso regalo que los países europeos nos estaban haciendo...

Todo este tiempo, desde la adhesión a Europa y con todo el capital que estábamos recibiendo, quisimos desarrollar nuestra Economía, haciendo importantes esfuerzos para ponernos a la altura del resto. Nos focalizamos en hacer bien lo que sabíamos hacer, a través del desarrollo del turismo en primer término y del sector de la construcción a continuación, pero en ningún momento reparamos en saber, o supimos cómo conseguir desarrollar, lo que hacía que los países que siempre habían sido el motor de Europa fueran ricos: la Industria.

Debido precisamente a nuestra falta de un motor industrial que llevara a la economía española hacia el crecimiento, a mediados de la década de los noventa vimos la oportunidad en el sector de la construcción, pero no reparamos en las peligrosas consecuencias a largo plazo. Tal y como se intuía en los últimos años de la ficticia bonanza económica, la desmesurada especulación en vivienda llevó al esperado estallido de la burbuja inmobiliaria, paralizando el sector completamente y descubriéndonos la realidad que habíamos estado ocultándonos a nosotros mismos: la ilusión de desarrollo había sido simplemente un espejismo basado en una borrachera de dinero fácil y rápido, ignorando los principios económicos que nos indican claramente que la construcción nunca puede ser el motor de una economía desarrollada.

Paralelamente, cometimos el error de potenciar las políticas de Gasto Público de forma indiscriminadamente desmesurada, pues los elevados ingresos temporales del Estado, en los diez años previos al estallido de la crisis económica internacional y provenientes de la construcción, permitían hacerlo, sin reparar en que la Economía ha tenido por costumbre ser cíclica y que dichos ingresos podrían caer rápidamente en época de recesión, tal y como nos ocurrió a partir de finales de 2007. Es esto precisamente lo que nos ha llevado al enorme Déficit Público actual y a niveles de endeudamiento difícilmente soportables por ningún país...

¿Qué solución tiene España? ¿Es extensible al resto de países de Europa? Lamentablemente a todo el proceso interno descrito, hay que añadir un deterioro considerable del concepto UNIÓN EUROPEA.

Desde la desaparición de aquel grupo de notables Líderes Políticos con auténtica visión de futuro, el relevo se ha convertido más bien en refugio para compensar los fracasos o componendas políticas internas de cada uno de los Países. Las consecuencias: la democracia en la UNIÓN EUROPEA no existe, los ciudadanos votan a unos parlamentarios de papel, la burocracia Europea no resistiría el mínimo análisis de costes, respecto la eficiencia; La Política Monetaria Común no se ha desarrollado, con las consecuencias actuales; no existe una Política Exterior Europea; la necesidad de contribuir a la defensa de los derechos fundamentales de las personas en el mundo es irrelevante: La Unión Europea no discrimina las importaciones de los Países en los que no se respetan los derechos fundamentales de las personas, sobre todo en los que se explota a los menores y a las mujeres.

No obstante con este panorama, y dada nuestra limitación en el tiempo para desarrollar un auténtico escudo industrial en España, ya que nuestros sectores tradicionales de producción –cerámica, calzado, juguete, textil, mueble, etc.– se han deslocalizado a terceros países, con los que hay que competir con unas notabilísimas desventajas para la propia producción interna, debido fundamentalmente a las estrictas medidas y normas que nos impone a todos la Unión Europea, y la nula exigencia de estas medidas para la importación de productos de los llamados Países Emergentes, este libro nos muestra un punto de vista completamente diferente a las soluciones propuestas en la actualidad:

> Por qué no conseguimos en su momento el desarrollo económico esperado, tras pasar a formar parte del ambicioso plan europeo de integración de los países del viejo continente en una Unión Europea más fuerte; qué debíamos haber desarrollado y cómo subsanar el error: qué hay que hacer en el momento actual y cuál es la clave para conseguir una Economía fuerte que permita generar empleo e incrementar los ingresos, reducir Déficit Público y endeudamiento, afectando lo mínimo posible a los servicios públicos y a los ciudadanos; eso sí, el autor, a la hora de incorporar los costes salariales, de forma muy inteligente, los fija como LOS MAS ALTOS POSIBLES, con buena Lógica.

Por otro lado, sirve de referencia para el resto de países periféricos de Europa, que sufren exactamente el mismo problema, basado en la misma causa raíz, y que está actualmente lastrando al resto de países de la Unión. En la aplicación de los principios expuestos se encuentra el duro camino que aún nos queda por recorrer, mostrándonos luz al final del túnel.

Finalmente, me gustaría resaltar que este libro concluye con un análisis incluso más sorprendente que el propio de la crisis española o europea, y que se encuentra directamente relacionado con la causa de la crisis económica mundial: nos descubre que Estados Unidos y Japón tienen un problema estructural similar al de España, que aún no han descubierto y que parte de una causa raíz diferente, con elevado riesgo de provocar el colapso financiero del sistema capitalista al completo. Los niveles de Déficit Público y endeudamiento de Estados Unidos se han disparado muy por encima de los del resto de países del mundo: ¿es esto sostenible a medio plazo? La experiencia europea nos demuestra que no...

Os invito a disfrutar, tal y como he hecho yo, del punto de vista de la economía real, del punto de vista industrial: nunca es tarde si la dicha es buena, y mientras hay vida, hay esperanza. Ánimo a todos.

INTRODUCCIÓN

Necesidad de reenfoque: hacia adónde mirar

"No hay más ciego que el que no quiere ver"
— Refranero español

En España hemos vivido "cómodamente" siendo un país atractivo para las multinacionales, desde la transición política española de los años 70 hasta el finales del año 2007, momento de explosión de la última crisis económica y financiera mundial, al ser un mercado en crecimiento y disponer de mano de obra de bajo coste. Durante todo este tiempo, nos hemos "dejado querer" y hemos crecido hasta llegar a ser el país nº 8 en el ranking internacional en P.I.B., sobre todo debido al florecimiento de pequeñas y medianas empresas alrededor de estas multinacionales por un lado, y por otro para satisfacer la elevada demanda de productos y servicios que el mercado creciente en riqueza ha demandado.

Durante todos estos años, hemos sufrido diversas crisis económicas, que hemos paliado mediante actuaciones políticas o de orden macroeconómico. Precisamente los economistas más teóricos, enfocados en la macroeconomía, son los que tradicionalmente han identificado las diferentes tendencias y han propuesto soluciones en los diferentes periodos de crisis, que han sido válidas en el contexto de competencia local en el que nos hemos encontrado. Todo esto ha potenciado la visión macroeconómica como clave para la generación de soluciones a los diferentes periodos de recesión.

Por otro lado, ya desde mediados de los años 90 y especialmente durante la última década, se ha potenciado políticamente la construcción como sector clave y motor de la economía española, lo que nos ha llevado por la senda del crecimiento descontrolado. Por otro lado y al mismo tiempo, el entorno de competencia pasaba de ser de carácter local a internacional, abriendo el país a oportunidades y peligros: la Globalización.

Es en este contexto ya globalizado en el que se produce repentinamente en 2007 la crisis financiera internacional provocada en su mayor parte por el desarrollo de las hipotecas "subprime" y por el descontrol en el crédito suministrado en los diferentes países, que deja a los mercados sin liquidez y que provoca la parada drástica de la economía mundial —y por supuesto la de España- y al mismo tiempo una caída drástica del consumo y por tanto de los precios.

Como solución a esta nueva crisis, volvemos a utilizar la metodología tradicional: focalización en la macroeconomía, identificación de los diferentes problemas de forma agregada, visión únicamente financiera de la crisis, aplicación de métodos tradicionales y no tan tradicionales pero siempre desde el punto de vista puramente economista/financiero —inyección de capital en los bancos, inyección de capital por parte del estado en la economía para generar consumo a través, sobre todo, de gasto en obra pública (la tradicional Política Fiscal que todos los libros de Economía proponen como solución gubernamental: el denominado "plan E" en España), incremento de la edad de jubilación, propuesta de subida del IVA, etc.–. Sin embargo, todo esto parece no conseguir los resultados esperados... ¿Qué está ocurriendo?

Debido a esto, se comienza a hablar a continuación de que nuestras empresas parecen no ser tan competitivas como creíamos en nuestro entorno "cómodo" pasado. La macroeconomía vuelve a darnos datos referentes a los costes de España frente a otros países, con resultados escalofriantes: somos más caros. Es en este momento cuando los grandes "gurús" de las escuelas de negocio españolas comienzan a proponer soluciones también macroeconómicas: se habla de cambio de modelo productivo, con base en la reducción de salarios y reforma laboral centrada en la reducción de costes de despido; se habla de necesidad de inversión en tecnología para la mejora de la productividad y de inyección de capital en las empresas para llevarlo a cabo; se propone el fomento de la innovación como clave para la mejora de la competitividad, término ambiguo para la mayor parte de la población y las empresas... Sin embargo, todas estas acciones siguen sin proporcionar resultado alguno, y lo que es peor, comienzan a endeudar al país peligrosamente...

¿Qué es realmente lo que necesitamos?

El problema español es un problema de enfoque.

Me explicaré en más detalle: los países con las economías más potentes del mundo están focalizándose en una estrategia completamente opuesta a la española, y en el entorno globalizado en el que nos encontramos, sus empresas son más competitivas que las nuestras.

Necesitamos por tanto un cambio drástico: ¿Qué están haciendo los demás? ¿A qué se dedica el resto de países de nuestro entorno? Precisamente a una nueva Revolución Industrial que, por sus características de cambio filosófico y de gestión empresarial, no es perceptible: se encuentra oculta. El objetivo de este libro es descubrirla ante nuestros ojos...

CAPÍTULO 1

La empresa, célula fundamental de creación de riqueza

"Cometer un error y no corregirlo, es otro error"
— Confucio

1.1   - Macroeconomía frente a Microeconomía

El motor de toda sociedad capitalista es el consumo continuo de productos y servicios, y para que éste exista es fundamental que exista empleo. Por otro lado, si no hay empleo, y a ser posible bien pagado, es imposible que exista el consumo suficiente que lleve a la generación de riqueza.

Pero... ¿qué es antes, el huevo o la gallina? ¿Hemos de potenciar el consumo para que exista empleo, o el empleo para que exista consumo? Hagamos un pequeño análisis:

1.1.1 - Escenario 1: Potenciación del consumo

Es lo que se ha venido haciendo hasta ahora desde las diferentes administraciones: inyección de dinero público en la economía con el objetivo de potenciar el consumo, a través de la llamada Política Fiscal.

Esta inyección de dinero, en la crisis económica actual, se ha llevado a cabo por parte de los Estados mediante ayudas al consumo (ej. compra de automóviles), pero sobre todo mediante inversión en Gasto Público —Obra Pública en países como España / Gasto

Militar en países como Estados Unidos– con el objetivo de generar empleo "ficticio" temporal que genere consumo y, a través de éste, generar incrementos de producción en las empresas, que lleven a la contratación de nuevos empleados y a mayor consumo. Sin embargo, esto no ha dado el resultado esperado... ¿Por qué?

La causa fundamental de que esta inyección de capital por parte del Estado no haya llevado a la creación de empleo es precisamente el factor diferencial que tiene esta crisis y que no teníamos en las anteriores: la Globalización.

¿Cómo afecta la Globalización? Básicamente abriendo el potencial de compra de los ciudadanos de cualquier país a cualquier empresa del mundo. ¿Esto qué implica? Muy sencillo: cuando se potencia el consumo y se genera empleo "ficticio" temporal, compramos la mayor parte de los productos fabricados fuera de nuestras fronteras: coches, electrodomésticos, electrónica, mueble, ropa... Lo que implica que el empleo se genera en empresas extranjeras, ¡pero no en nuestro país!

1.1.2 - Escenario 2: Potenciación del empleo

Es importante precisar cómo generar empleo, que nos lleve a generar más consumo y por tanto más empleo de nuevo. Por supuesto con inversión en obra pública se ha demostrado que no conseguimos los resultados, pero ¿cómo hacerlo? Focalizándonos en entender cuáles son las células fundamentales de creación de empleo: LAS EMPRESAS. Las empresas pueden crecer, incrementando clientes, o decrecer, perdiéndolos; no hay término medio. Cuando crecen, incrementan empleo; cuando decrecen, pierden empleo, y tienen riesgo de cierre.

¿Qué es lo que está ocurriendo en las empresas españolas? ¿Por qué no generan el empleo esperado cuando se potencia el consumo? Muy fácil: porque el factor Globalización, que hasta ahora no había sido tan acuciante, las pone a competir con las empresas de otros países, cuyos productos son mejores que los nuestros. Nosotros mismos, como consumidores, los rechazamos por baja calidad y alto precio...

Reflexionemos un poco al respecto: cuando vamos a una macrotienda especializada en electrónica, ¿cuántos productos son "made in Spain"? Cuando compramos un coche nuevo, ¿la marca es española? La ropa que compramos en las tiendas, ¿dónde es fabricada? ¿Nos quejamos cuando comparamos el precio de un mueble español frente a un "IKEA"?

¿Cuál sería por tanto la clave para que cualquiera de nosotros compre un producto "made in Spain"? Muy sencillo: que sea de mejor calidad y de menor precio, pero ¿qué fácil es decir esto, verdad? El objetivo de este libro es mostrar cómo hacerlo: si conseguimos averiguar cómo podemos tener mejores productos que la competencia extranjera, los consumidores (españoles o extranjeros) los comprarán, ¡generando empleo en las empresas españolas!

1.1.3 - Conclusión del análisis

Nunca más las decisiones macroeconómicas sacarán a ningún país de la crisis: de la crisis se sale empresa a empresa. El proteccionismo no sirve en un entorno globalizado en el que cualquiera puede comprar cualquier producto a través de internet y en cualquier país del mundo. Por tanto, el enfoque nunca más es macro, sino microeconómico: las células de creación de empleo en cualquier economía se llaman EMPRESAS. Si no son competitivas en el entorno globalizado actual, perderán ventas de continuo y quebrarán, generando el paro estructural que ya estamos sufriendo en España.

En un mundo globalizado, la clave para la generación de empleo es tener empresas más competitivas, y ser más competitivo significa, en último término, tener un mejor producto: la economía de todo país se sustenta en las empresas del mismo –únicas generadoras de empleo– que se mantendrán a largo plazo sólo si los productos generados por ellas mismas son mejores que los generados por las empresas competidoras de otros países.

1.2 - Errores básicos de enfoque en Competitividad

Hemos hablado en el Capítulo Introducción de error de enfoque estratégico en España frente al resto de países del mundo. Entremos un poco más en detalle en cuanto a Competitividad se refiere.

Existe una diferencia radical de enfoque en la formación recibida en las Escuelas de Negocio españolas frente a las extranjeras, que lleva a los directivos españoles mejor formados a tomar decisiones erróneas que generan directamente falta de competitividad frente al exterior. Son los siguientes:

Error de enfoque 1: Todavía se sigue pensando en España que la empresa tiene como objetivo único generar beneficio para el accionista, cuando en realidad su único objetivo es la aportación de valor a la sociedad, en un contexto de sostenibilidad.

Error de enfoque 2: Para que una empresa genere empleo, ha de crecer en ventas. Seguimos pensando que, para vender más, la clave es el marketing; sin embargo, para vender más, la clave es tener un mejor producto.

Error de enfoque 3: Para que una empresa sea competitiva, la prioridad a desarrollar no es la innovación: es la productividad.

Éstos son precisamente los primeros cambios drásticos de pensamiento en *La Revolución Industrial OCULTA*, que está teniendo lugar rápidamente en los países de nuestro entorno. Nuestras empresas no fracasan porque hagan las cosas peor; fracasan porque el resto del mundo desarrollado las hace mejor, partiendo de un enfoque empresarial totalmente opuesto.

1.2.1 - Error de enfoque 1 – Beneficio del accionista vs. Aportación de valor

Tal y como hemos enunciado, todavía se sigue pensando en España que la empresa tiene como objetivo único generar beneficio para el accionista, cuando en realidad su único objetivo es la aportación de valor a la sociedad, en un contexto de sostenibilidad.

Entendamos esto en un contexto más amplio: para que una empresa tenga ingresos ha de tener clientes, clientes que estén dispuestos además a repetir la compra de producto con la empresa. Y, ¿de dónde salen nuestros clientes? La respuesta es muy sencilla: del conjunto de personas que forman la sociedad, es decir, si la sociedad percibe que nuestra empresa aporta un valor por encima del aportado por la competencia, la empresa comenzará a incrementar el número de clientes y, por tanto, los ingresos, y al incrementar ingresos, empleo. ¿Por qué hablamos de sostenibilidad? Por supuesto porque nuestro objetivo siempre será generar beneficio con cada venta, es decir el coste del producto ha de estar por debajo del precio de venta. A través de ambos principios –aportación de valor a la sociedad y sostenibilidad– conseguimos beneficio para el accionista.

¿Qué ocurre, sin embargo, cuando nuestra prioridad principal es el beneficio para el accionista, tal y como nos vienen inculcando en las escuelas de negocio? Que tenemos el riesgo de olvidarnos de la aportación de valor y priorizar nuestro propio interés por encima del interés del cliente... El riesgo aquí es muy elevado, pues competimos con empresas de otros países que tienen muy claro el principio de aportación de valor, llevándose fácilmente a nuestros clientes y, por tanto, reduciendo empleo en nuestro país.

Como conclusión principal de este apartado: los beneficios de la empresa y el empleo están directamente relacionados con lo felices que estén los clientes con el valor aportado por nuestro producto / servicio.

1.2.2 - Error de enfoque 2 – Marketing vs. Producto

Como hemos comentado, para que una empresa genere empleo ha de crecer en ventas y en número de clientes. Seguimos pensando que, para vender más, la clave es el marketing; sin embargo, para vender más, la clave es tener un mejor producto.

Cuando preguntamos a cualquier empresario, ejecutivo o profesor de dirección de empresas sobre cómo incrementar ventas, la mayoría siempre comenta lo mismo: en su mente la clave es el desarrollo del marketing y un mejor equipo comercial; el comercial, en España, es la estrella de la empresa. Sin embargo, nos estamos olvidando de lo más importante: el producto.

Realicemos un análisis más exhaustivo. ¿A qué se dedican los comerciales? Básicamente a contar lo que la empresa tiene, lo que la empresa hace. La empresa tiene productos y/o servicios, produce productos y/o servicios, y no es el comercial el que los hace, ¡sino sólo el que lo cuenta! ¿Qué ocurre si el producto/servicio no es suficientemente bueno con respecto a la competencia, es decir, si la competencia tiene un producto mejor? Que la aportación de valor percibida por el potencial cliente no es suficiente, es decir, por mucho que contemos que tenemos un producto "fantástico", si en realidad no es así nos costará mucho vender, y si lo conseguimos, será sólo una vez: el cliente, fácilmente, se irá a nuestra competencia.

¿Qué es lo que está ocurriendo en el resto del mundo? Nuestros competidores de otros países se focalizan en el producto como prioridad 1, por encima del marketing. Cualquier comercial te dirá que un producto bueno "se vende solo" y, por el contrario, un peor producto es muy difícil de "colocar".

En toda empresa, el producto que sale por la puerta es el que paga los sueldos de todos los empleados y genera los beneficios del accionista. Ni las ventas ni los clientes son los que pagan los sueldos directamente: sólo cuando se le entrega al cliente el producto prometido (una venta es simplemente una promesa de entrega), el cliente se compromete al pago. Por otro lado, si el producto entregado al cliente no es mejor que el de la competencia, el cliente no volverá a la empresa, la empresa perderá ventas y empleo y, a medio plazo, cerrará: el producto es la clave.

1.2.3 - Error de enfoque 3 – Innovación vs. Productividad

Tal y como expuesto al principio del capítulo, para que una empresa sea competitiva, la prioridad a desarrollar no es la innovación: es la productividad. Esta afirmación, como el lector podrá comprobar, parece ir en contra de todo lo afirmado por escuelas de negocio y universidades, asociaciones empresariales, colegios profesionales, las diferentes administraciones y el propio Estado, que están haciendo un esfuerzo sobrehumano inyectando capital, en forma de subvenciones y financiación, para el desarrollo de la innovación como factor clave para la competitividad empresarial. La prioridad, para nuestros competidores extranjeros, es sin embargo otra: la productividad, la eficiencia empresarial. Veamos por qué, a través de la productividad, las empresas extranjeras se posicionan sobre las nuestras.

Cuando hablamos de innovación, ya estamos, en cierta medida, hablando de mejorar el producto, sólo que lo hacemos desde el punto de vista de la relación con el marketing y la tecnología. Pensamos que, innovando en productos y servicios según las necesidades del mercado e incorporando nueva tecnología, conseguiremos productos/servicios novedosos que harán que se incrementen nuestras ventas pero, ¿es esto realmente así?

Pongámonos en el caso de dos empresas que compiten entre sí, que poseen un producto de características de precio, calidad y variedad similares, dirigido al mismo segmento de mercado en la misma región, con similar plazo de entrega. Teóricamente, si una realiza más y mejor innovación, a medio plazo su producto será mejor. Ahora bien, ¿qué hace falta para hacer innovación? Básicamente dos cosas: una es la actitud hacia la innovación −es verdad que en España nunca la hemos tenido, y es lo que las diferentes administraciones quieren potenciar− y la otra, más importante, ¡dinero para invertir! Si me dicen que es importante innovar y dirijo mi actitud hacia esto, pero no dispongo de tanto dinero como mis competidores, a medio plazo mis competidores tendrán un producto mejor, ¿no es así?

¿De dónde obtengo el dinero para invertir? La única fuente de generación de dinero para la empresa es el propio beneficio. Analicemos a continuación esta afirmación: muchas empresas sólo realizan innovación si disponen de subvención del estado para ello; otras piensan que la clave es disponer de financiación de los bancos.

- Las subvenciones en sí mismas paralizan la actitud hacia la innovación; cuando sólo innovamos si tenemos dinero de la administración, tenemos un grave problema frente a los competidores extranjeros, que lo han aprendido por "supervivencia de la especie". Como ejemplo, en Estados Unidos no hay subvenciones ni proteccionismo de ningún tipo para las empresas: por evolución natural, las empresas que permanecen son las mejores, incorporando el proceso innovador como parte clave de su gestión; esto de nuevo implica que sus empresas consiguen los clientes que las nuestras pierden, haciendo que el país, entre otros, comience a remontar en la crisis actual a costa del nuestro.

- Como acabamos de comentar, si queremos innovar de verdad, hemos de hacerlo por cuenta propia. Para ello, se pide que los bancos presten financiación a las empresas —abran el crédito— pero, ¿qué mira un banco para proporcionar financiación? Muy sencillo: la cuenta de resultados, es decir, ventas y... ¡beneficio! Volvemos por tanto al punto inicial: el dinero necesario para innovar sólo puede salir del beneficio generado por la empresa.

Una vez demostrado que, cuanto más beneficio tengo, mayor capacidad de innovación, la pregunta es: ¿cómo obtenemos más beneficio? Puesto que el beneficio es la diferencia, producto a producto, entre precio y coste, sólo existen dos formas posibles: subir el precio o bajar el coste.

- Lo que normalmente solemos intentar, la manera fácil y rápida, consiste en subir el precio. Ahora bien, ¿qué ocurre cuando subimos el precio? En ese momento, el cliente lo percibe y trata de evaluar otros productos de empresas competidoras. Si encuentra otra empresa cuyo producto es similar, a menor precio, existe un riesgo muy elevado de que deje de comprarnos a nosotros y, por tanto, de que perdamos ventas y empleo. Por otro lado, el precio adecuado de un producto lo fija el mercado, es decir, nuestros competidores, en su conjunto, se encuentran en una banda de precios determinada, para un producto en particular, de la que no nos podemos salir. Actualmente existe además otro condicionante: la crisis financiera internacional ha reducido drásticamente el consumo, lo que ha reducido las ventas y la producción de todas las empresas, y ha llevado los precios a la baja. Conclusión: es prácticamente imposible subir el precio de los productos en la situación actual; son dependientes de la relación entre oferta y demanda mundial, y no depende por tanto de nosotros.

- Lo que sí depende exclusivamente de nosotros es el coste. Reducir costes implica directamente generar beneficio puro, que incrementa la capacidad de maniobra estratégica de la empresa: permite invertir en innovación, en marketing y recursos comerciales, en nueva tecnología... Para disponer de un orden de magnitud de la importancia clara de reducir costes, pongamos un ejemplo comparativo con respecto a la equivalencia en ventas: para una empresa con un 10% de beneficio sobre ingresos, reducir los costes en 100,000 euros es equivalente a ¡incrementar las ventas en 1 millón! Ahora bien, hemos de entender que reducir costes no puede realizarse a costa de empeorar las características del producto –el mayor error cometido es reducir costes a costa de calidad, variedad o plazo de entrega–, pues vuelve a existir el riesgo de que el cliente perciba menor valor y compare con la competencia, afectando claramente a nuestras ventas y, por tanto, al empleo.

En capítulos sucesivos de este libro explicaremos qué están haciendo las empresas de otros países para reducir costes drásticamente sin afectar al producto; esto es, precisamente, lo que se llama Productividad: "disponer de un producto con características similares a las de la competencia, con un coste unitario inferior".

Acabamos de demostrar que la Productividad nos lleva fácilmente a la Innovación, y afirmaré con rotundidad que la **Innovación NO nos lleva a la Productividad**. Éste es precisamente uno de los mayores errores de conocimiento en la sociedad española: pensar que he de "inventarme" una nueva forma de ejecutar los procesos para que éstos sean más productivos, sin saber que las empresas de los países más potentes del mundo llevan más de 50 años desarrollando el conocimiento para conseguir que lo sean.

Entiendo que lo que acabo de decir puede herir ciertas sensibilidades, puesto que la mayor parte de "expertos" en economía y empresa en España afirman, sin ningún tapujo, que la Innovación en procesos nos lleva a la Productividad. Sin embargo, digo esto sin ánimo de ofender a nadie, pues es precisamente el objetivo de este libro mostrar al lector que existe un área de conocimiento específica dentro de la Dirección de Empresas, muy amplia y estratégicamente desarrollada por las mejores empresas y universidades de los países más potentes del mundo durante más de 50 años, cuyo único objetivo final es la Productividad: la misión de este libro es ponerla de manifiesto y descubrir que, en España, no se ha considerado nunca importante. Por el contrario, se forma a los futuros ejecutivos de empresa en las Facultades de Economía y Administración y Dirección de Empresas en el resto de áreas de conocimiento —estrategia, marketing, finanzas—, y en las Escuelas de Ingeniería en otros conocimientos que se consideran erróneamente sustitutivos —mecánica, electrónica, química, telecomunicaciones, etc. inculcándoles desde Universidades y Escuelas de Negocio que éstos son los conocimientos para gestionar la empresa. Esto es totalmente incorrecto; necesitamos saber el conocimiento intangible que comenzó a desarrollar en su momento Henry Ford: la Dirección de Operaciones.

No reinventemos la rueda; ya está inventada. No innovemos en procesos como estrategia inicial, simplemente apliquemos lo que ya está probado; no inventemos, simplemente estudiemos y aprendamos: en este libro descubriremos qué saben y aplican las empresas más fuertes, que se hallan en los países con las economías más potentes, y que en España desconocemos...

1.3 - Por qué la Innovación NO proporciona resultados en España

A partir de lo que acabamos de decir, podemos intuir que estamos en clara desventaja frente a otros países desarrollados si, tal y como comentado, no disponemos del conocimiento adecuado. En España, sin embargo, seguimos pensando que, desarrollando productos innovadores, podremos posicionarnos de todas formas por encima de los demás. Veamos por qué toda inversión en Innovación, cuando no se es productivo, sólo genera pérdidas y mayor riesgo de quiebra empresarial.

Imaginemos que dos empresas compiten entre sí con productos de similares características de calidad y variedad, con plazo de entrega y precios similares, por los mismos clientes en la misma región. La única diferencia entre ambas es que una de ellas es mucho más productiva que la otra, es decir, el coste unitario de producto es sensiblemente inferior, aunque el precio sea el mismo. Supongamos asimismo que la empresa con coste unitario superior –menos productiva– dedica un gran esfuerzo a innovar y consigue mejorar drásticamente su producto frente al de la empresa competidora en una línea de desarrollo diferente. En un momento determinado, saca al mercado el producto innovador a un precio determinado, siempre superior a su coste unitario, lo cual nos hará pensar que ha conseguido ventaja competitiva frente a la empresa competidora, ¿correcto? Vayamos pues más allá para averiguarlo.

¿Qué cuesta hoy en día copiar un producto? ¿Se puede proteger adecuadamente la innovación para evitar la copia? Cualquiera que haya trabajado en entornos de I+D+i –Investigación, Desarrollo e Innovación– sabe perfectamente que proteger la Innovación es prácticamente imposible: tan solo lo considerado Investigación –nueva tecnología o procesos en el entorno mundial, que nadie ha descubierto antes– es patentable –y aún así difícilmente "protegible"–. Sin embargo, todo lo considerado como Desarrollo –aplicación por primera vez de nueva tecnología o procesos en un sector determinado y en una región– o Innovación –cualquier mejora sobre la tecnología, los productos o los procesos que actualmente aplicamos en nuestra propia empresa, existan o no en otros sectores–, es fácilmente copiable por cualquiera de forma legal. La mala noticia es que lo patentable y "protegible" es menos del 1% del total de la cifra de I+D+i.

¿Esto qué implica para las empresas que innovan pero son menos productivas? La respuesta a esta pregunta nos lleva a algo que tristemente no esperamos: nuestro competidor conoce inmediatamente nuestro nuevo producto innovador en cuanto sale al mercado, fácil y rápidamente es capaz de copiarlo y, puesto que es más productivo que nosotros, puede sacar al mercado un producto similar en muy poco tiempo ¡a un precio mucho más bajo! Esto mermará nuestras ventas rápidamente y no nos permitirá recuperar nuestra inversión, lo cual nos llevará con toda probabilidad ¡a entrar en pérdidas!

Por tanto, ¡ojo con la Innovación! La conclusión a la que llegamos es muy clara: la Innovación sin Productividad es tremendamente peligrosa, pues puede acelerar nuestro proceso de entrada en pérdidas y por tanto de quiebra empresarial.

1.4 - Productividad y Capacidad Estratégica

Acabamos de mostrar que la Productividad nos lleva a la Innovación, y que al revés no ocurre. La pregunta es: ¿nos lleva la Productividad a más posibilidades además de la Innovación? La respuesta es muy clara: la Productividad incrementa drásticamente la capacidad estratégica y competitiva de la empresa en todas sus facetas. Veamos cómo a través de la figura:

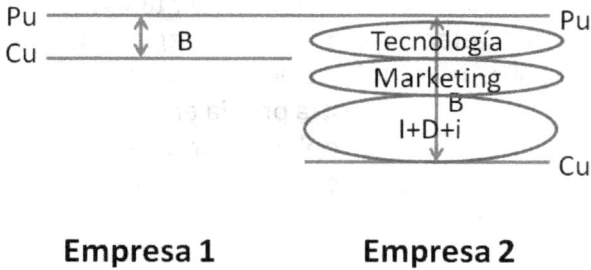

Empresa 1   **Empresa 2**

En el caso de la figura, compitiendo en un producto de similares características de calidad, variedad y plazo de entrega, dirigido a los mismos segmentos de mercado en la misma región geográfica, y con precios unitarios similares (Pu), la empresa 2 tiene un coste unitario (Cu) inferior a la empresa 1, es decir, es más productiva. Esto implica directamente que tiene mayor beneficio (B). ¿Qué podemos hacer con este beneficio? Estrategia, señores, ESTRATEGIA, y lo escribo con mayúsculas porque para poder poner en marcha nuevas estrategias empresariales necesitamos dinero, que sólo se genera en la empresa a partir del beneficio, que está vinculado directamente a la Productividad: Estrategias de desarrollo de nuevos productos –I+D+i: Investigación, Desarrollo e Innovación–, Estrategias de Marketing para el incremento de ventas a corto plazo, Estrategias de inversión en nueva tecnología, Estrategias de desarrollo del capital humano, y un largo etcétera...

Disponiendo en cada empresa de capacidad estratégica –dinero disponible a partir del beneficio– y aplicándola, ¿seremos más competitivos a medio plazo? ¡Por supuesto! Y para disponer de capacidad estratégica, ¿qué hace falta? PRODUCTIVIDAD –coste unitario inferior–. La conclusión principal es que SÓLO LA PRODUCTIVIDAD nos lleva a la COMPETITIVIDAD, al desarrollo de las ventas y los beneficios empresariales, y a la generación de empleo.

Me gustaría finalizar el capítulo mostrando al lector la Estrategia principal vinculada directamente a la Productividad, y que nos lleva a intuir qué nos ocurre: el PRECIO MÁS BAJO sólo se consigue con coste unitario inferior.

CAPÍTULO 2

¿Crisis Financiera o Crisis Industrial?

"La ignorancia está más cerca de la verdad que el prejuicio"
— Confucio

2.1 - La crisis financiera mundial: la crisis que parece coyuntural

¿Cuál ha sido la causa de la crisis financiera internacional? Tal y como nos han contado en todos los medios de comunicación, mediante grupos de expertos y múltiples libros publicados al respecto, la crisis generada por las hipotecas "subprime" norteamericanas, vinculadas a las inversiones interbancarias internacionales, han provocado falta de liquidez en los mercados, que han llevado a una caída drástica del consumo mundial en todos los países.

¿Qué significa exactamente esto? Haremos un pequeño resumen desde un punto de vista muy simplista: en Estados Unidos se han estado vendiendo hipotecas a personas que se sabía de antemano no podían pagarlas a medio plazo. A continuación, los bancos americanos, dentro del entorno de compra-venta de productos financieros internacionales, han introducido estas hipotecas "mezcladas" dentro de paquetes con múltiples y diferentes productos financieros, paquetes que han sido comprados por bancos e inversores financieros internacionales sin saber exactamente el detalle de lo que contenían. En el momento estas personas no han podido pagar estas hipotecas, el banco original que había vendido el paquete "mezclado" en el que se encontraban comienza rápidamente a quedarse sin liquidez. Cuando esto pasa, puesto que otros bancos internacionales habían comprado estos paquetes, todo dinero inyectado en ellos pasa directamente al banco americano para cubrir estas pérdidas, quedándose el banco internacional también sin liquidez. Puesto que estos paquetes están repartidos por todo el mundo, una gran parte de los bancos internacionales empieza a tener problemas, afectando además a la confianza del mercado interbancario, −nadie sabe exactamente quién tiene estos paquetes ni qué porcentaje de estas hipotecas "subprime" contienen− paralizando por tanto el préstamo de capital entre bancos, lo cual lleva incluso a disponer de menos liquidez.

¿Qué ocurre cuando los bancos se quedan sin liquidez? Muy sencillo: dejan de prestar dinero −no tienen−, afectando directamente al consumo mundial, es decir, a la capacidad del consumidor individual de comprar, cayendo las ventas de las empresas drásticamente, y a continuación del empleo, en todos los países.

¿Cuáles son las soluciones planteadas al respecto? Todos los países se han lanzado a trabajar dos áreas fundamentales −y España no ha sido una excepción−: el rescate y soporte a los bancos con problemas, y la inyección de capital en la economía para la potenciación del consumo. Es importante contar al lector que estas soluciones se encuentran apoyadas por todos los tratados y libros de economía.

Las soluciones propuestas parece que, al cabo de un tiempo, comienzan a dar resultado en países con economías potentes −Estados Unidos, Alemania, Francia…− y en los de mano de obra de bajo coste −China, Europa del Este, Sudamérica…−, mostrándonos que la crisis financiera internacional parece coyuntural y que, tarde o temprano, seremos capaces de superarla…

Sin embargo, debido a la actuación de los bancos americanos en relación a las hipotecas "subprime", pensamos que se trata de una crisis bancaria y financiera. Lo peligroso de todo esto es que esta crisis bancaria ha desviado el foco de atención y no nos ha permitido percibir LA CRISIS REAL, que lleva gestándose durante más de 20 años: la crisis mundial es en realidad industrial y estructural y, si no somos capaces de percibirla y entenderla completamente, no se podrán tomar las decisiones que sólo en las más altas esferas políticas mundiales se han de tomar. Las diferentes investigaciones del autor sobre la crisis española y europea llevó en su momento a descubrirla con gran estupor: el último capítulo de este libro está dedicado a su análisis y propuesta de solución.

2.2 - La crisis estructural española: la crisis de Productividad

Vayamos ahora más allá: ¿Qué ocurre en el entorno empresarial? ¿Cómo reaccionan las empresas cuando aparece una crisis económica? Aplicando diferentes opciones estratégicas para tratar de incrementar ventas a costa de las empresas competidoras. Es en este momento cuando una de las opciones estratégicas que tendemos a no utilizar, y que hemos mostrado sutilmente al lector al final del capítulo anterior, se convierte prácticamente en la única posible a corto plazo: bajar los precios.

Observemos el proceso en más detalle. Como hemos dicho, debido a la crisis financiera internacional se reduce el consumo mundial por falta de liquidez en los mercados: no hay dinero. Al reducirse el consumo, caen las ventas. Cuando caen las ventas, se reduce la producción, y comienzan a haber despidos masivos que reducen aún más el consumo. Sin embargo, el problema fundamental estriba en que nos deshacemos en las empresas de los costes variables –empleados–, pero mantenemos los fijos –edificios, instalaciones, maquinaria, personal de mando– lo que implica que, al repartirlos entre menos producción, se incrementan los costes unitarios de producto y se reduce drásticamente el beneficio, e incluso entramos en pérdidas. ¿Qué ocurre en ese momento? Que todas las empresas, de todos los países, ¡tienden a bajar los precios para conseguir más ventas! ¿Y... cómo nos afecta esto? ¿Hasta dónde podemos bajar los precios?

El precio de un producto sólo se puede bajar hasta el coste del mismo; si bajamos el precio por debajo del coste y no somos capaces de compensarlo rápidamente en otros productos –muy difícil en el momento actual–, tenemos un elevado riesgo de quiebra a corto plazo.

Veamos cómo nos afecta esta bajada generalizada mundial de precios en el entorno competitivo globalizado actual. Volvamos a las dos empresas competidoras del capítulo anterior, y observemos la figura, donde ambas empresas 1 y 2 están compitiendo, y donde la empresa 2 es más productiva que la 1:

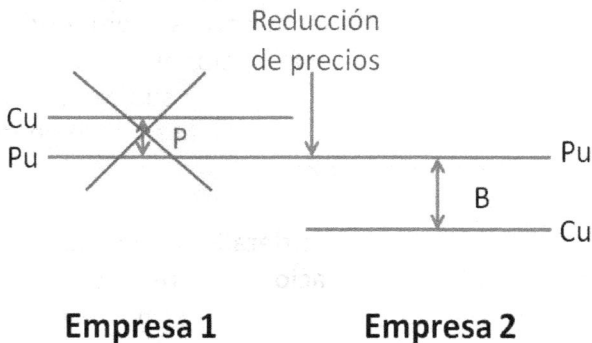

Empresa 1   **Empresa 2**

La Empresa 2, que es capaz de realizar el mismo producto con menos recursos y por tanto tiene menos costes unitarios, es la dominante a la hora de bajar los precios. ¿Por qué? Simplemente, ¡porque puede!

Puesto que baja la demanda mundial, hay que repartirse muchas menos ventas entre las empresas que compiten entre sí.

¿Esto qué implicaciones tiene para la Empresa 1? Tiende a bajar los precios al mismo nivel pero no es capaz, puesto que es menos productiva, por lo tanto entra en pérdidas y pierde ventas, lo que la lleva dramáticamente a la quiebra y al cierre, desapareciendo del sector.

¿Cómo afecta la bajada generalizada de precios a España? Es muy sencillo, y al mismo tiempo genera un panorama aterrador: las empresas españolas son Empresas 1, mientras que las empresas extranjeras son Empresas 2. Las empresas extranjeras se quedan con las ventas del reducido consumo mundial –Estados Unidos, Alemania y China están creciendo en 2011–, a costa de las empresas españolas que no son competitivas –no son productivas–, que pierden ventas y empleo llegando en muchos casos a cerrar, originándose una destrucción masiva del tejido empresarial español.

Esto nos lleva a una conclusión clave: la crisis española –y mostraremos también que por extensión la crisis de los llamados "países periféricos" de Europa y de la propia Unión Europea– es una crisis empresarial estructural y la causa es la FALTA DE PRODUCTIVIDAD. Sin embargo, ésta visión es muy superficial: hemos de profundizar mucho más para llegar al origen, y éste es precisamente el objetivo de este libro. Las preguntas que resolveremos en los sucesivos capítulos son: ¿Por qué las empresas de otros países son MÁS PRODUCTIVAS que las nuestras? y ¿Cómo se consigue PRODUCTIVIDAD?

2.3 - La sostenibilidad de la economía capitalista de un país: el Producto Interior Bruto –P.I.B.–

Me gustaría hacer una reflexión inicial sobre un concepto clave: el P.I.B.

¿Qué es el P.I.B.? La descripción literal es "Producto Interior Bruto", y su crecimiento como parámetro va directamente relacionado con la creación de riqueza en el país, y por tanto de empleo y bienestar.

Pero, ¿qué es exactamente el P.I.B.? Cualquier libro de economía lo identificaría como la suma de 4 parámetros que, si potenciamos en el país, nuestro P.I.B. crece, y por tanto crece la riqueza y el empleo. Estos 4 parámetros son: el consumo privado, las inversiones, el gasto público y las exportaciones netas. Si nos damos cuenta, son precisamente estos parámetros los que, siguiendo los libros de economía, han sido potenciados históricamente por el entorno político: el gasto público a través del incremento de funcionarios y las ventajas sociales, junto a la política fiscal –plan E en España– en época de crisis, las inversiones mediante la potenciación del sector de la construcción, el consumo privado mediante la reducción del interés bancario por parte de los bancos centrales y el propio plan E, y nos han quedado las exportaciones netas sin saber cómo potenciar…

Sin embargo, esta definición del P.I.B. conlleva un gran error de concepto. Es verdad que la fórmula tradicional de cálculo implica estos 4 parámetros, pero ello no quiere decir que sea esto precisamente el P.I.B. La definición original de P.I.B. nos lleva de nuevo a la empresa como célula fundamental de generación de riqueza:

"El Producto Interior Bruto –P.I.B.– es el valor monetario del conjunto de productos y servicios generados por el conjunto de empresas de un país, dentro de sus fronteras, durante un año."

La clave está, por tanto, en LA PRODUCCIÓN de nuestras empresas.

¿En qué se basa entonces la economía capitalista de cualquier país? Básicamente en la sostenibilidad a largo plazo de su tejido empresarial, es decir, en que sus empresas mantengan o incrementen sus ventas –y por tanto su producción– frente a las empresas de los países extranjeros –para que mantengan o incrementen el empleo– lo cual, en el entorno globalizado actual, se torna complejo y difícil.

Nuestras empresas compiten con las de otros países por los mismos clientes: la clave para el crecimiento del P.I.B. de cualquier país está en que sus empresas vendan más –dentro de sus fronteras–, por tanto incrementen su producción y, a través de ella, el empleo.

Las empresas sólo pueden crecer o decrecer: si crecen en ventas, crecen por tanto en producción y generan empleo, si decrecen pierden empleo y tienen riesgo de quiebra pues, aunque nos deshacemos de los costes variables –empleados–, no pasa lo mismo con los costes fijos, que hay que repartirlos entre menos ventas y, tal y como hemos comentado anteriormente, se incrementa el coste unitario del producto, perdiéndose productividad y limitando la capacidad de maniobra estratégica de la empresa. Esto implica que todas las empresas, se encuentren en el sector que se encuentren, han de tender siempre a incrementar ventas, generando así crecimiento del P.I.B. del país a través del incremento de la producción...

2.3.1 - Empresas industriales, comerciales y de servicios

Una vez visto que tenemos que tender a crecer empresa a empresa, y habiendo demostrado que la Productividad –coste unitario inferior– es clave para conseguir esto, veamos la relación que existe entre las diferentes empresas en un país, desde el punto de vista de la sostenibilidad de la economía. Tan sólo un tipo de empresa de las expuestas a continuación es la garante del empleo y de los niveles de consumo.

Partamos de la base de que, en toda economía, existen tres tipos de empresas, tal y como representado en la figura: Empresas Industriales de producto final –aquéllas que generan los productos de consumo–, Empresas Comerciales –las que distribuyen o venden a consumidor final–, y Empresas de Servicios y Proveedoras de las anteriores –que prestan servicios y suministran materia prima y componentes a empresas industriales y comerciales–. ¿Cuál de los tres tipos de empresa sostiene la economía capitalista de un país? Para poder demostrar cuáles son las empresas clave de la economía, haremos un análisis intuitivo directo y un análisis detallado inverso, es decir, por reducción al absurdo, para confirmar o desmentir el análisis inicial. Vayamos, pues, al detalle.

Se demuestra, a través del análisis de los diferentes sectores a nivel macroeconómico que, en los países desarrollados, el sector servicios es el de mayor volumen, con gran diferencia sobre los demás en número de empresas y población activa trabajando en él. Así mismo, en entornos económicos se suele decir últimamente que España es un "país de servicios". Esto nos puede llevar inicialmente a pensar que las empresas de servicios son las que sostienen la economía.

Por otro lado, los países desarrollados suelen llamarse también "industrializados" y, si nos fijamos bien en número de trabajadores por empresa, podremos observar que una empresa pequeña/mediana industrial emplea a mucha más gente que una empresa pequeña/ mediana de servicios, lo cual puede llevarnos intuitivamente a pensar que las empresas industriales pueden estar relacionadas con un mayor empleo, aunque sí es verdad que el sector industrial es mucho más pequeño en número de empresas. Así mismo, el sector construcción podemos considerarlo como un sector industrial más dentro de este conjunto de empresas, puesto que es generador de producto, en este caso de vivienda u obra pública.

Por otra parte, las empresas comerciales son las que existen siempre que haya consumidores y las típicas a las que vamos a comprar: las tiendas de barrio, los centros comerciales, los bares y restaurantes, etc., siendo en general un grupo muy elevado de empresas aunque con pocos empleados por empresa.

Hasta aquí el análisis directo intuitivo. Hemos visto que los tres tipos de empresas coexisten en el mismo entorno, aunque a priori no nos atreveríamos a decir cuáles son las que sostienen la economía. Realicemos por tanto el análisis inverso por reducción al absurdo.

Supongamos que comienzan a desaparecer las empresas industriales, que es lo que está pasando en este país (como ejemplo es suficiente ir a cualquier tienda de electrodomésticos, electrónica o concesionario de automóvil para darnos cuenta de que es prácticamente imposible encontrar un producto "made in Spain", u observar que la construcción –principal "sector industrial" español– se encuentra totalmente paralizada): ¿qué efecto provoca este hecho? Un efecto dominó sobre todo el tejido empresarial que nos lleva a la destrucción completa de la economía, de la siguiente manera:

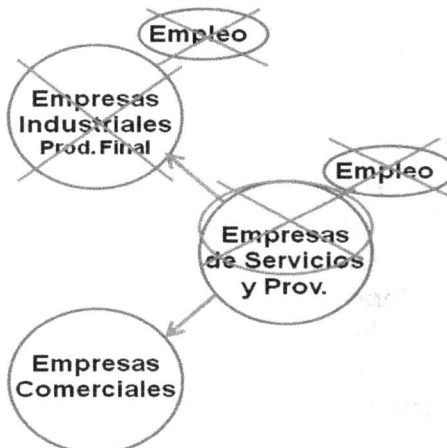

Cuando caen las empresas industriales de producto final (incluyendo la construcción), cae el empleo de las mismas que, recordemos, es muy elevado por empresa. Al mismo tiempo, y directamente vinculadas a las empresas industriales, caen las empresas de servicios de las industriales –la mayor parte son los transportes, un elevado porcentaje del total– así como las empresas proveedoras de estas industriales, cayendo todo el empleo de servicios y empresas proveedoras, que también es muy elevado –como ejemplo de orden de magnitud: una fábrica de automóviles genera en proveedores y empresas de servicios del orden de 4 veces el número de empleos que genera el fabricante del producto final–. Esto nos lleva a la quiebra y cierre de gran número de estas empresas, y al incremento drástico del desempleo, tal y como mostrado en la figura anterior.

¿Qué ocurre a continuación? Se produce el efecto dominó siguiente: la caída drástica del empleo de las empresas industriales, de sus servicios y de las empresas proveedoras nos lleva a una caída drástica del consumo, que afecta directamente a las empresas comerciales, reduciendo ventas en todas ellas y llevando a un porcentaje de las mismas al cierre (sólo hay que ver la cantidad de bajos comerciales con el cartel "se alquila/ se vende"), generando más desempleo rápidamente. En ese momento, todas las empresas de servicios y las empresas proveedoras de las comerciales comienzan a verse afectadas –seguridad, limpieza, asesorías...–, generando más desempleo todavía, tal y como mostrado en la figura siguiente. Todo este nuevo desempleo vuelve a afectar al consumo, afectando a las empresas comerciales otra vez, a sus servicios y a las empresas proveedoras. Como vemos, una "caída en barrena" de empresas y empleo pero... ¿hasta dónde vamos a llegar? El límite inferior es el turismo –dramáticamente reducido en un entorno aperturista de competencia globalizada como el actual–, y el sector alimentación, desarrollado a partir del sector primario tradicional en España –agricultura, ganadería y pesca–, para cubrir las necesidades básicas.

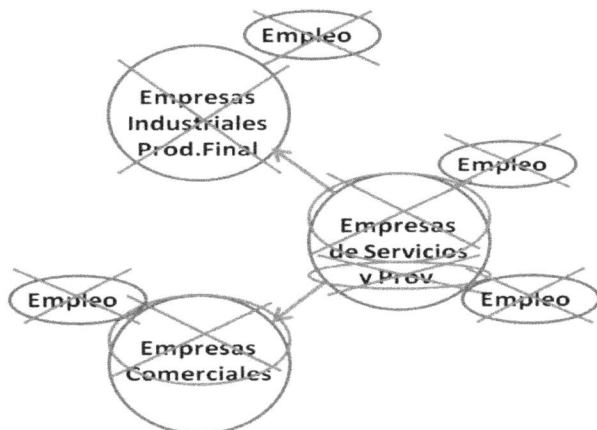

Tras el análisis realizado, llegamos a una importante conclusión: la sostenibilidad de la economía capitalista de cualquier país está vinculada directamente al desarrollo y sostenibilidad de sus sectores industriales. La crisis española no es una crisis financiera –nuestros bancos se encuentran entre los más estables del mundo–; la crisis española es una CRISIS INDUSTRIAL.

Como apunte para la confirmación empírica de lo expuesto, reto al lector a reflexionar sobre conceptos vinculados en este apartado: ¿Se pueden exportar servicios? ¿En qué tipo de empresas pensamos cuando evaluamos a los países más potentes? ¿A qué se dedican Alemania, Japón, Estados Unidos o China? Las respuestas son obvias: los países con las economías más potentes tienen Industria exportadora...

2.3.2 - El dramático error de la construcción

Acabamos de demostrar que el desarrollo de los sectores industriales nos lleva por la senda del desarrollo económico, puesto que desarrolla directamente empresas de servicios y proveedoras asociadas, y produce un elevado impacto sobre la creación de empleo y por tanto del consumo, generando empleo rápidamente en las empresas comerciales, sus proveedoras y sus servicios.

Hagamos ahora un poco de historia y volvamos a mediados de los años noventa. En esos momentos, España ya estaba sufriendo su particular crisis económica estructural –nuestros sectores industriales tenían múltiples problemas con respecto a la competencia exterior y comenzaban a desaparecer–, y se decidió potenciar un sector industrial –de generación de producto– que implicaba una huída hacia adelante y enormes problemas estructurales adicionales que ahora estamos sufriendo: el sector de la construcción de viviendas.

¿Por qué digo que fue una huída hacia adelante? Porque, aunque se pudo desarrollar muy rápidamente durante los años de bonanza económica mundial y sin competencia exterior –es el único sector que no nos puede "quitar" el resto de países; construir hay que hacerlo "in situ"–, la construcción no es un sector que pueda sostener la economía capitalista de ningún país: potenciarlo como clave de la economía no sólo pone en jaque a medio plazo al país entero, sino que fagocita –y por tanto destruye– el resto de sectores industriales.

Para entender esto, es importante volver a la base y conocer la raíz del desarrollo del capitalismo en sí mismo. ¿En qué se basa la economía capitalista de cualquier país? La respuesta es muy sencilla: la economía capitalista de cualquier país se basa en el consumo continuo –de repetición– de productos y servicios. Y quiero resaltar como clave la palabra "continuo". Entendámoslo a través de los siguientes ejemplos.

Supongamos que vamos al supermercado y compramos pollo. Al día siguiente, para comer, hacemos el pollo y nos lo comemos, por lo que vamos de nuevo al supermercado a por más pollo. Esto implica que, debido a que existe demanda continua de pollos, habrá una granja criando los pollos, una serie de servicios de transporte distribuyéndolos a industrias cárnicas, industrias procesando y embalando los pollos, empresas de distribución enviándolos a supermercados y personal en los propios supermercados atendiendo a los clientes que los consumimos. ¿Vemos claramente cómo se produce el desarrollo empresarial y del empleo a través de la demanda del producto "pollo"? Quiero resaltar algo importante: el pollo desaparece, por lo que tenemos que volverlo a consumir, lo que hace que estas empresas tengan negocio y empleo de continuo.

Veamos un segundo ejemplo. Vamos a un concesionario y nos compramos un coche. Las razones por las que nos lo compramos son de dos tipos, en función de nuestra economía particular, muy condicionada al ciclo económico –bonanza económica o crisis–, bien porque nos apetece cambiárnoslo, o porque se nos rompe. Si nos apetece cambiarnos de coche, la media de años que lo mantenemos es de unos cinco y, si se nos rompe, de unos diez. Ésta es precisamente la razón por la que el sector automóvil es el indicador clave de si estamos en la parte alcista del ciclo económico –bonanza: me cambio el coche cada cinco años–, o entrando en la parte de decadencia –crisis: me cambio el coche cada diez–: justo en el momento en que entramos en crisis, ¡las ventas de automóviles caen justo a la mitad! Un detalle importante es que, al igual que en el caso del pollo, el coche al fin y al cabo se consume: al final se rompe, es decir, desaparece. Esto mismo ocurre con los electrodomésticos, la ropa, el calzado, etc.

Tras lo expuesto, volvamos de nuevo al sector construcción. ¿Los pisos se rompen y desaparecen? La respuesta es muy clara y distinta al resto de sectores: NO, el consumo real de viviendas sólo se incrementa a través del incremento real de la población (si crecemos en número de personas) y de la riqueza del país (incrementando el número medio de viviendas por familia: invierno/verano, etc). Esto es así con ciertas excepciones: desastres naturales o guerras, por ejemplo.

¿Qué implicaciones tiene por tanto para la economía que la construcción de viviendas no sea un sector de consumo continuo, es decir, de repetición? Las implicaciones son muy peligrosas, sobre todo porque el comportamiento de un producto de no repetición en bonanza económica o en crisis es muy distinto y extremo: en bonanza económica puede parecer un motor desarrollador muy potente –como ha ocurrido en el caso español de especulación desmesurada–, pero en el momento llega una etapa de recesión económica se paraliza casi completamente y tiene riesgo de desaparición.

Vayamos a un análisis más detallado de lo que nos ha ocurrido en España. Recordemos que, a partir de mediados de los años noventa –tal y como hemos comentado–, se potenció desde las diferentes administraciones el sector de la construcción de viviendas como motor de la economía, por lo que se comenzó a construir desmesuradamente dentro de un entorno de especulación. Esto implicó que se construyeran pisos muy por encima de las necesidades reales del país durante la última década de bonanza económica mundial. Parecía que no había problema en que los pisos multiplicaran su precio, con porcentajes de beneficio superiores al 100% en muchos casos. ¿Qué implicaciones tuvo esto para el entorno empresarial? Dos muy acentuadas: la primera, una derivación de los beneficios empresariales hacia la inversión en construcción de viviendas –a costa de la reinversión en la propia empresa, dejando al resto de sectores tecnológicamente obsoletos para competir globalmente y paralizando la innovación–, y la segunda, un stock de viviendas vacías tremendamente elevado, que parecía ser un seguro de vida para sus dueños por su incremento de precio continuo, pero en realidad sin demanda real –sin consumo real–.

¿Qué ocurre en este tipo de entorno cuando llega la crisis financiera mundial y cae repentinamente el consumo? Los españoles pensamos inicialmente que no nos afectaría: pensamos que podríamos vender nuestros pisos "en stock" y, además, a un mayor precio. Sin embargo, en el momento queremos venderlos, todos ponemos en venta los pisos al mismo tiempo, lo cual implica diferentes consecuencias: la primera, ¿a quién se los vamos a vender cuando nadie compra? –los especuladores se quedan sin liquidez, y los bancos por extensión comienzan a embargar los pisos y a "ejercer de inmobiliarias"–, la segunda, ¿quién va a querer ahora una vivienda nueva cuando los que especulan ya no compran, sino que sólo venden, viviendas "a estrenar"? –se paraliza completamente el sector de la construcción–, y la tercera, no podemos reactivar el sector de la construcción de viviendas pues hay tanto stock de pisos y sus dueños con tantos problemas económicos y de falta de liquidez que, aunque lo intentemos, antes se venderán los pisos en stock –que son muchísimos–, bien por parte de sus dueños o por los bancos –que están embargando muchos de ellos–, que cualquier piso nuevo. La conclusión final es muy clara: el sector construcción de viviendas se paraliza y no se puede reactivar por mucho que lo intentemos incluso desde las administraciones, ya que nos sobran pisos. Por tanto, el sector de la construcción nunca podrá ser el motor de una economía capitalista de libre mercado, pues los pisos no son un producto de compra repetitiva de consumo continuo.

Acabamos de explicar por qué potenciar la construcción por encima del consumo real de viviendas paraliza el sector como motor industrial de la economía durante la caída del ciclo económico, debido al sobre stock brutal de pisos construidos. Pero ésta no es la peor consecuencia: hemos abandonado la mayor parte de sectores industriales por los altos beneficios que el sector construcción proporcionaba, lo cual implica que nos hemos quedado sin motor alguno de la economía, por lo que el desempleo creado es difícilmente recuperable por mucho que intentemos potenciar el consumo.

Puesto que el sector construcción no es recuperable, hemos de buscar sustitutos en el desarrollo de sectores industriales competitivos, es decir, mediante el aprendizaje en el desarrollo de la Productividad.

2.4 - El error de la focalización en el sistema bancario

La crisis financiera mundial –que no nos permite percibir y encubre la crisis real y estructural mundial que exponemos en el último capítulo del libro–, tal y como hemos comentado al comienzo de este capítulo, fue originada por los bancos. Al quedarse sin liquidez frenaron el crédito, lo cual redujo el consumo drásticamente a nivel mundial. Hemos demostrado, por otro lado, que las reacciones de las diferentes empresas han llevado a una bajada drástica de los precios que no pueden afrontar las empresas españolas por falta de productividad, lo cual lleva a España a generar mucho más desempleo, frente a países como Alemania o China que lo generan mucho más fácilmente a costa de las empresas españolas, es decir, la crisis española no es sólo financiera, sino fundamentalmente industrial.

Sin embargo, seguimos focalizados en los bancos pensando que inyectándoles liquidez podrán volver a generar crédito, cosa que ocurre en los países con industrias competitivas frente a las españolas, pero no en España. ¿Qué está ocurriendo? Muy sencillo: los bancos quieren dar crédito pero, para darlo, evalúan las cuentas anuales de las empresas –balances y cuentas de resultados– que muestran claramente que las empresas españolas no son competitivas, es decir, no son de fiar. Poneos en su piel: si fuerais un potencial inversor, ¿invertiríais vuestro dinero en una empresa española, o preferiríais hacerlo en una alemana o japonesa? No podemos recriminar a los bancos, en la mayor parte de los casos, que no liberen el crédito a las empresas, pues no se ve claro el retorno de dicha inversión: si la empresa no es suficientemente productiva, ¿será capaz de vender al precio adecuado? En el momento actual de crisis mundial, la respuesta es claramente negativa, por mucha inversión de la que disponga. A lo largo del libro demostraremos el por qué.

Así mismo, los bancos también quisieran liberar el crédito a los consumidores pero, si los consumidores no tienen empleo y el empleo "fijo" ya no es tal ni siquiera para los funcionarios –puesto que necesitamos reducir el gasto público como consecuencia de la reducción de ingresos del Estado, concepto que explicaremos en el capítulo siguiente–, ¿qué banco se arriesgará a prestar un dinero que sabe que, en su mayor parte, no va a retornar? Poneos de nuevo en la piel de los inversores: ¿os arriesgaríais?

Por otro lado, los bancos tienen un problema muy grave que les presiona sobremanera a corto plazo: la actualización a valores reales de sus activos sobredimensionados. Veamos qué significa esto:

Los bancos han estado liberando el crédito desmesuradamente concediendo hipotecas que, en muchos casos, sabían que iban a ser difíciles de pagar. Como ha habido estos años una especulación brutal en el sector de la construcción –demanda ficticia no basada en consumo real–, los precios se han disparado, llegando a triplicar y cuadriplicar el precio que las viviendas tenían unos pocos años antes. Han sido los propios bancos los que han tasado las viviendas cada vez a precios superiores, pensando asimismo que, si el usuario correspondiente no podía pagarlas, al embargarlas las iban a poder vender siempre a un precio superior.

En el momento ha llegado la crisis financiera mundial y han restringido los propios bancos el crédito, ha caído el consumo y por tanto el empleo, produciéndose la competencia en precios generalizada ya comentada –que las empresas españolas no pueden soportar por falta de productividad–, y la paralización del sector construcción de viviendas –no recuperable por sus características de no repetitividad del consumo–, lo cual ha llevado a una rapidez vertiginosa en la generación de desempleo no conocida con anterioridad en España.

Este desempleo no recuperable ha llevado a los bancos al embargo de una gran cantidad de viviendas. Al intentar venderlas al menos al precio que habían tasado, ¿qué se han encontrado? Lo que cualquiera con cierta lógica podría haber pensado a priori: los precios de los pisos caen en picado, pues la oferta es muy superior a la demanda. ¿Qué ocurre en este momento? Los bancos, obligados por el banco de España, han de actualizar sus activos inmobiliarios a los valores reales una vez pasado un año de posesión. Puesto que tienen muchos pisos que no consiguen "colocar" en el mercado, no tienen más remedio que reportar... PÉRDIDAS drásticas de golpe. Debido a esto, restringen aún más la liberación del crédito, aterrados y pendientes de la evolución del sistema bancario en su conjunto.

¿Cuál es por tanto la solución para que los bancos proporcionen crédito? ¿Forzarles desde la administración a dar dinero a quien saben, casi con certeza, que no va a poder devolverlo? ¿A constructoras que creen que pueden seguir construyendo pisos que no tienen demanda? ¿A empresas españolas no competitivas por falta de productividad? ¿A empleados de estas empresas con riesgo elevadísimo de irse al paro? ¿A los propios parados? ¿A los funcionarios en el punto de mira de las administraciones para reducir el gasto público? Si miramos el entorno desde el punto de vista de un inversor, nosotros mismos nos responderemos: "A mí me gustaría prestar el dinero, porque gano dinero normalmente al hacerlo, siempre que me lo devuelvan, claro está. Pero, ¿me lo van a poder devolver?"

¿Hacia adónde, por tanto, hemos de dirigirnos? Todo este razonamiento nos lleva de nuevo a la industria como motor de toda economía: tan solo a través del desarrollo de sectores industriales competitivos –con base en la productividad–, seremos capaces de competir con las empresas extranjeras e incrementar las ventas, generando empleo. Esto es lo único que generará confianza en los inversores y el sistema bancario, que liberará el crédito mucho más fácilmente a estas empresas y sus empleados, pues se aseguran el retorno del capital y sus intereses. Como hemos demostrado en el capítulo, el desarrollo de los sectores industriales nos lleva al desarrollo de empresas de servicios y proveedoras de estos sectores industriales, generando normalmente un empleo muy superior al generado en la industria de producto final, lo cual nos lleva asimismo al desarrollo y crecimiento en ventas y empleo de las empresas comerciales y sus servicios.

¿Qué ocurrirá si no somos capaces de generar sectores industriales competitivos con base en la productividad? También es muy sencillo: no se generará empleo, no se liberará el crédito, los bancos reportarán pérdidas y generarán mucho más desempleo, que volverá a generar mucha más caída del consumo. Todo esto junto al ajuste de las administraciones y empresas públicas necesario a corto plazo para reducir el déficit público y los niveles de endeudamiento —tema del cual hablaremos en el capítulo siguiente— nos llevará a la generación de mucho más desempleo, y por tanto de una mayor caída del consumo.

Es por tanto esta falta de confianza en las empresas españolas lo que hace que no se libere el crédito. Serán los bancos los que comiencen en breve a caer puesto que, al fin y al cabo, sólo generan beneficio propio a través del beneficio generado por otros. Sin embargo, si no hay empresas industriales que generen crecimiento del resto de empresas del entorno y por tanto del empleo, no habrá bancos que puedan prestar dinero. No olvidemos que, aunque es en el sistema bancario en el que se asientan las bases de empresas y ciudadanos, los bancos son empresas de servicios, es decir, no podrán mantenerse si no existe desarrollo de otras empresas, de las cuales "se alimentan".

CAPÍTULO 3

El estrepitoso fracaso de la Macroeconomía

"Es peligroso tener razón cuando el gobierno está equivocado"
– Voltaire

3.1 - ¿De dónde obtiene el Estado sus ingresos?

Al principio del primer capítulo, el lector recordará que hemos hablado de las diferentes opciones de recuperación de la economía desde las administraciones: potenciar el consumo o potenciar el empleo. Comentamos también que la clave era desarrollar empresas competitivas, cuyo producto sea mejor que el de nuestros competidores extranjeros, para potenciar así el empleo, y que es arriesgado potenciar el consumo sobre todo a través de la política fiscal, desarrollada fundamentalmente a través de la inversión en obra pública en España, o de la inversión militar en Estados Unidos. Entremos en mayor profundidad a entender por qué lo explicado en todos los libros de economía, y utilizado como norma de aplicación de los gobiernos, ya nunca más nos sirve en un país sin industrias competitivas.

Como primer paso, hemos de saber que la construcción de obra pública en el caso de España, o la fabricación de armas/inversión militar en el caso de Estados Unidos, no puede ser –al igual que pasaba con la construcción de viviendas– el sector motor de ninguna economía desarrollada, puesto que es pagada por el Estado –excepto en el caso de la exportación de armas–, que tiene que tener ingresos para poder hacerlo y que provienen de otras fuentes, pues en sí mismo sólo tiene la función de repartición de la riqueza pero no es capaz de generarla. Por tanto la pregunta es: ¿de dónde provienen realmente los ingresos del Estado? Exclusivamente de una única fuente en último término: de las empresas privadas.

En este punto gran parte de los lectores se extrañará: nos han dicho toda la vida que el Estado consigue sus ingresos ¡de los impuestos de todos los ciudadanos! El análisis que realizamos a continuación nos llevará a entender por qué sin el desarrollo de sectores industriales competitivos, el Estado se queda sin ingresos.

Para explicarlo en más detalle, focalicémonos en la figura siguiente, en la que se hayan representados empresas públicas y privadas, sus trabajadores, y el Estado como figura de recepción y salida de flujos de capital. Como podemos observar, el Estado, a través de los impuestos recaudados a empresas y trabajadores, obtiene los ingresos con los que operar.

La descripción de los mismos es la siguiente:

- Las empresas, públicas y privadas, pagan a los trabajadores un salario, cuyo neto reciben y que utilizan para el consumo, pagando el I.V.A. correspondiente en cada compra realizada, impuestos municipales, etc.

- Los trabajadores de ambos tipos de empresa pública y privada, del salario bruto que la empresa entrega se quedan con el neto, y con la diferencia se pagan los impuestos I.R.P.F. y Seguridad Social al Estado.

- Las empresas, tanto públicas como privadas, pagan directamente al Estado un impuesto adicional por cada trabajador contratado denominado Seguridad Social por parte de la empresa.

- Las empresas privadas pagan un impuesto sobre el beneficio obtenido. Las empresas públicas normalmente no tienen beneficios —excepto casos muy puntuales—, pues es el Estado generalmente el que las subvenciona.

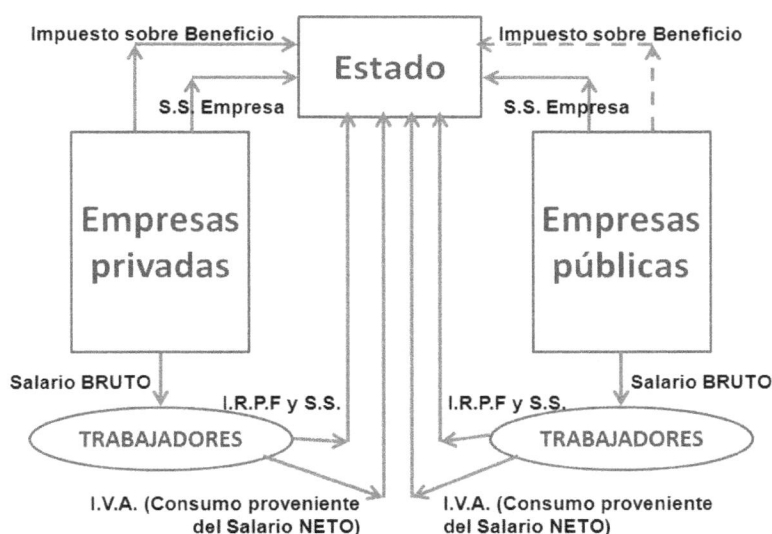

Hasta aquí parece que "Hacienda somos todos", sin embargo es necesario profundizar para llegar al origen de los ingresos del Estado, que se encuentra en un solo punto. Veamos, mediante un análisis paso a paso, cómo llegar a dicho punto.

El primer paso es entender la diferencia entre Salario Bruto y Salario Neto, y quién paga los impuestos de los trabajadores. La empresa, cuando paga un salario a sus trabajadores lo hace en bruto, y los trabajadores reciben el neto —es decir, una parte de ese bruto— yendo al Estado el resto. Esto quiere decir que estos impuestos —I.R.P.F y S.S.— ¡son pagados por la empresa! Por otro lado, el trabajador recibe el Salario Neto, que utiliza para sus gastos, de donde se paga el I.V.A., impuestos municipales, etc.

Ahora bien, ¿qué ocurre si la empresa pierde ventas, y por tanto pierde empleo, o cierra? Que los trabajadores pierden su empleo y por tanto dejan de percibir el Salario Neto que les paga la empresa, por lo que no disponen de dinero para gastar ni por tanto para pagar los impuestos mencionados. Es decir, si la empresa no nos contrata, y por tanto no nos paga, ¡no tenemos ingresos! Y si no tenemos ingresos, no podemos pagar impuestos... ¿A qué conclusión nos lleva todo esto? A que todos los ingresos del Estado vienen exclusivamente ¡de las empresas!, tal y como está indicado en la figura siguiente.

Acabamos de demostrar que, si las empresas reducen su actividad o cierran, el Estado reduce drásticamente sus ingresos. Veamos la diferencia que existe entre empresas públicas y privadas con respecto a los ingresos del Estado, para llegar a una mejor comprensión de nuestro análisis.

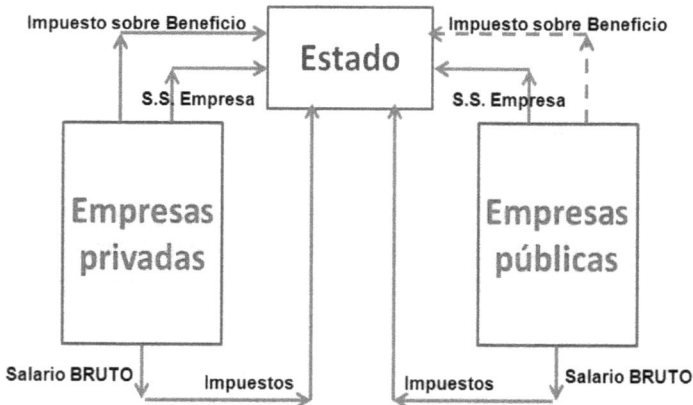

- Las empresas públicas suministran servicios a la población, en muchos casos gratuitos –hospitales públicos, colegios públicos...–o con descuentos muy elevados–transporte público, etc.–, además de incluir en este área las administraciones públicas –ayuntamientos, gobiernos regionales, ministerios, etc.– así como los gastos dedicados a la protección social

–prestación por desempleo, prestaciones por discapacidad, etc.–, las inversiones en medio ambiente, en obra pública –muy elevada–, etc. Este análisis de las empresas públicas nos lleva a una rápida conclusión: el Estado cubre los gastos de las empresas públicas, recibiendo de vuelta una muy pequeña parte como impuestos, es decir, ¡las empresas públicas suponen un gasto muy elevado para el Estado!

• Esto nos lleva a la conclusión final y más importante: si las empresas públicas son un gasto para el Estado, los ingresos del Estado provienen, tal y como mostrado en la figura siguiente, únicamente... ¡de las empresas privadas!

Ahora bien, ¿las empresas privadas no estaban formadas, tal y como comentamos en el capítulo anterior, por empresas industriales, comerciales y de servicios? ¿Y no demostramos que la sostenibilidad de la economía capitalista de un país se basa en la Industria? Aquí es donde obtenemos confirmación al capítulo anterior: la crisis española no es financiera; ¡es una crisis industrial!

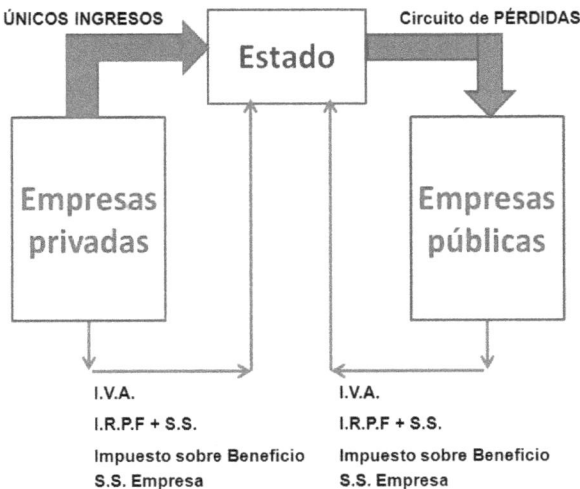

ÚNICOS INGRESOS		Circuito de PÉRDIDAS
	Estado	
Empresas privadas		**Empresas públicas**
I.V.A.		I.V.A.
I.R.P.F + S.S.		I.R.P.F + S.S.
Impuesto sobre Beneficio		Impuesto sobre Beneficio
S.S. Empresa		S.S. Empresa

Es muy importante tener en cuenta siempre esta conclusión: los ingresos del Estado han de ser siempre mayores a los gastos. Si caen los ingresos –constante situación actual de la crisis española por falta de competitividad de las empresas privadas frente a las del exterior–, y no somos capaces de recuperarlos –generando empresas industriales competitivas con base en la productividad–, no tendremos más remedio que reducir los gastos, lo cual es, tal y como veremos a lo largo de este capítulo, lo peor que nos puede ocurrir, pues nos lleva directamente a la quiebra como país.

3.2 - Por qué la Macroeconomía no funciona: el error de la Política Fiscal

Comencemos primero por explicar qué es esto de la Política Fiscal –uno de los grandes pilares de la Macroeconomía–, que se ha visto reflejada en lo que se ha llamado en España "plan E" para incentivar el consumo por un lado, y en la modificación de los impuestos por otro.

Cuando llega una crisis, como es el caso de la crisis financiera mundial que deja a los mercados sin liquidez, tal y como hemos comentado, desciende dramáticamente el consumo. Esto implica que todas las empresas sin excepción en el mundo entero comienzan a perder ventas muy rápidamente, lo que lleva a reestructuraciones laborales y despidos masivos, y a una mayor caída del consumo, produciéndose una reacción en cadena en un circuito reiterativo hacia el desempleo, empresa a empresa, tal y como mostrado a continuación:

• Situación original:

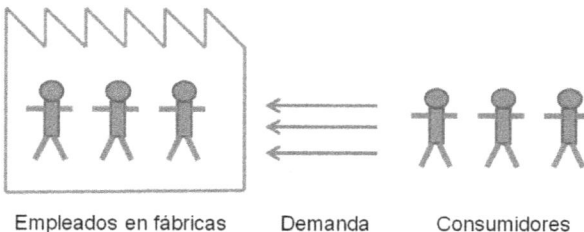

Empleados en fábricas   Demanda   Consumidores

• Caída de la demanda mundial por la situación bancaria internacional. Generación de desempleo inicial:

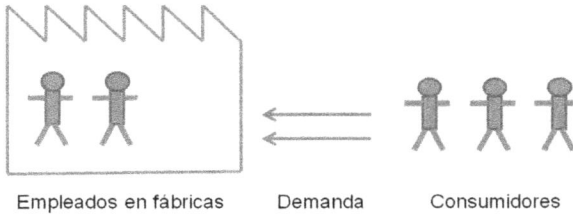

Empleados en fábricas   Demanda   Consumidores

• Generación de desempleo en cadena. Los desempleados no tienen capacidad de consumir, lo que lleva a una caída de la demanda continua y a mayor

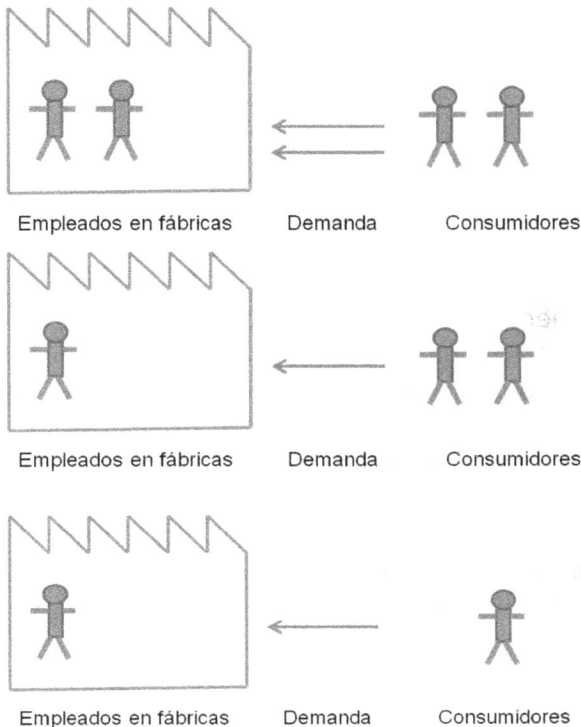

Empleados en fábricas   Demanda   Consumidores

Empleados en fábricas   Demanda   Consumidores

Empleados en fábricas   Demanda   Consumidores

Todo esto lleva a una gran pérdida de competitividad y a un elevado riesgo de desaparición del tejido empresarial, puesto que, conforme se destruye el empleo –costes variables–, se encarece el coste total del producto por repartición de los costes fijos –no reducibles fácilmente– entre mucha menor producción, lo que nos hace incluso MENOS PRODUCTIVOS.

La rápida disminución de facturación de las empresas privadas, junto a la generación de desempleo, produce una reducción drástica de los ingresos del Estado, poniendo en jaque la economía del país. Es en este momento cuando se produce la intervención del Estado en la economía para "darle la vuelta" al circuito anterior. El procedimiento tradicional más utilizado y definido en todos los libros de economía siempre ha sido la aplicación de Política Fiscal, que consiste en que el Estado inyecta dinero en la economía buscando la potenciación del consumo, normalmente en forma de incentivos para la compra –ej. plan "Renove" de automóvil–, pero sobre todo invirtiendo masivamente en diferentes ámbitos –obra pública, gasto militar– es decir, incrementando el gasto público temporalmente, con el objetivo de que los puestos de trabajo temporales "ficticios" generados produzcan, a través del consumo de los trabajadores contratados, incremento en la producción de las empresas del país. De esta manera, y tal como nos propone la macroeconomía, se incrementará el empleo real que incrementa a su vez más el consumo. En el momento en que el circuito de generación de empleo real, y por tanto de consumo real, ya esté en marcha, el Estado podrá dejar de incrementar el gasto público. Todo esto se puede observar a continuación:

• Inyección de capital por parte del Estado en la Economía a través de la Política Fiscal: Genera demanda de consumo y por tanto empleo en las empresas.

Política
Fiscal
(Euros)

Empleados en fábricas   Demanda   Consumidores

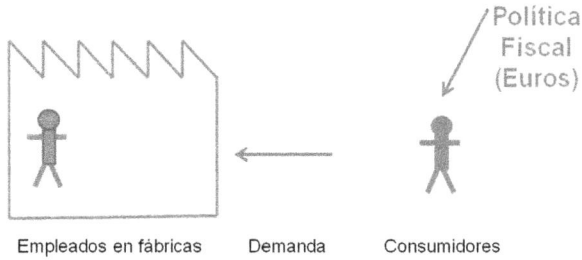

• Incremento de la demanda por el empleo generado en las empresas: Genera mayor demanda y por tanto mayor empleo, desarrollándose en cadena.

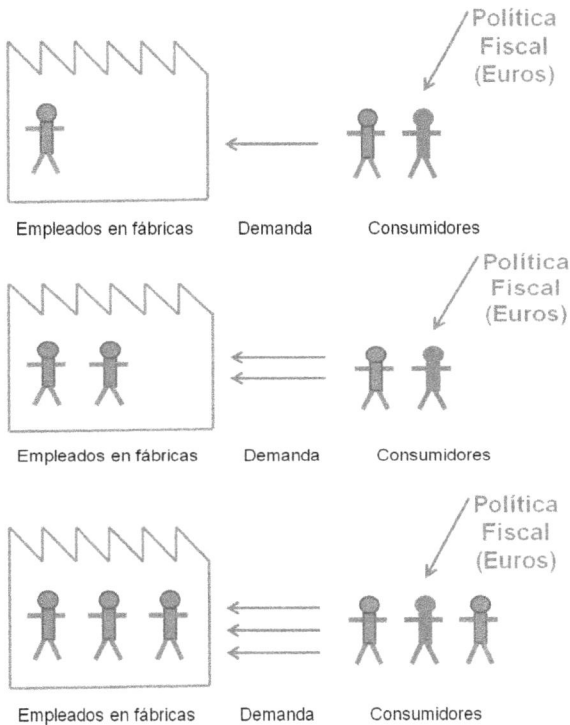

Política
Fiscal
(Euros)

Empleados en fábricas   Demanda   Consumidores

Política
Fiscal
(Euros)

Empleados en fábricas   Demanda   Consumidores

Política
Fiscal
(Euros)

Empleados en fábricas   Demanda   Consumidores

Tal y como hemos comentado, en el momento le demos la vuelta al circuito de generación de desempleo y comencemos a generar empleo, el Estado puede frenar la inyección de dinero en la economía, creciendo de nuevo los ingresos del propio Estado a través de los impuestos cobrados de las empresas y sus empleados.

Sin embargo, aunque esto es lo que teóricamente nos lleva a la generación de empleo y a la salida de la crisis tal y como nos cuentan todos los expertos en Economía, la generación de ingresos en el Estado no se ha producido, es decir, nos hemos endeudado mucho más y no se ha generado empleo real alguno. ¿Cuál es la razón de todo esto? Muy sencilla: está directamente vinculada a la Globalización.

¿Cómo nos afecta la Globalización? De una forma dramática, poniendo a competir a nuestras empresas con las empresas de todos los países del mundo que, hoy en día, compiten con las nuestras ¡por los propios consumidores de nuestro país!

Recordemos lo que comentábamos en capítulos anteriores: ¿cuántos de los productos que compramos en cualquier tienda, centro comercial, concesionario, son fabricados en nuestro país? Muy pocos… y cada día menos. Y esto, ¿cómo afecta a la inyección de capital por parte del Estado para, según todas las teorías macroeconómicas, generar empleo? La respuesta es incluso más desalentadora: puesto que los productos que compramos no son, en su mayor parte, fabricados dentro de nuestras fronteras, y los fabricados no son competitivos por falta de productividad, cuando conseguimos incremento temporal del consumo a través de la Política Fiscal, se genera empleo… ¡en las empresas extranjeras! Es decir, el dinero inyectado por el Estado se va directamente fuera, y por tanto son los países con las empresas que tienen los menores costes los que comienzan a salir de la crisis.

La conclusión final es muy clara: las Políticas Macroeconómicas sólo sirven para sacar de la crisis a los países con empresas industriales productivas. Nunca más servirán para sacar al resto: la clave está en la economía real, empresa a empresa. Y sólo cuando las empresas de un país son competitivas frente a las extranjeras es cuando la inversión en Política Fiscal puede generar empleo. Si las empresas competitivas son las de otros países, la inversión en Política Fiscal –Gasto Público–, ¡genera empleo e incremento del consumo real en los países extranjeros! La razón, muy simple... compramos sus productos, porque son mejores que los nuestros.

3.3 - El Déficit Público y el endeudamiento del Estado

Acabamos de demostrar que la gran inversión realizada por el Estado siguiendo los consejos de la teoría macroeconómica –Política Fiscal, sobre todo Obra Pública– no ha dado resultado. Sin embargo sí ha originado un problema adicional tremendamente grave: el incremento desmesurado del Déficit Público y, por extensión, ha llevado al país a un elevadísimo endeudamiento.

Hagamos un poco de historia: en el momento llega la crisis financiera mundial se paraliza la construcción y todos sus proveedores y servicios asociados, generándose en unos pocos meses varios millones de parados. En ese momento, el Estado tenía lo que llamamos "Superávit", es decir, los Ingresos del Estado eran mucho mayores que los Gastos. Al caer de repente el sector principal de la economía española y todas las empresas relacionadas, los Ingresos del Estado caen drásticamente, siendo rápidamente muy superiores los Gastos. Es esto precisamente lo que se llama "Déficit Público": la diferencia entre Gastos e Ingresos, cuando los Ingresos son inferiores. Recordemos, tal y como hemos explicado anteriormente en este capítulo, que los Ingresos del Estado provienen única y exclusivamente –de forma directa o indirecta– de las empresas privadas, y que los Gastos del Estado son los que el Estado gasta en empresas públicas, administraciones públicas, y todo tipo de prestaciones a personas y empresas –pensiones, prestación por desempleo, subvenciones a empresas y organizaciones, etc.–.

Justo a continuación de estos hechos, se suceden dos situaciones adicionales que incrementan, mucho más drásticamente, el propio "Déficit Público":

- Varios millones de personas comienzan a cobrar la prestación por desempleo, durante los 2 años de rigor.

- El Estado, siguiendo lo indicado en los libros y por los expertos en Economía, pone en marcha un fuerte incremento del Gasto Público mediante la Política Fiscal –sobre todo Obra Pública– que, teóricamente, multiplicaría nuestro P.I.B. –acabamos de demostrar por qué esto no es así, aunque sea lo que se explica como solución en las teorías económicas–.

Al incrementarse tan drásticamente el "Déficit Público", esto nos lleva a incrementar también muy rápidamente la llamada "Deuda Pública", que implica que las necesidades del Estado para cubrir sus Gastos necesitan de inversores externos que presten dinero al país, lo cual, debido a la posición de España en ranking de P.I.B. previo a la crisis, lleva a muchos inversores extranjeros a apostar por nuestro país, que dispara su "Deuda Pública" como una de las más altas de entre los países europeos con problemas graves –los llamados P.I.G.S. ("cerdos" en inglés), por parte de nuestros vecinos del viejo continente: Portugal, Irlanda, Grecia y Spain–.

Es precisamente la Unión Europea, tras la Intervención económica sobre Grecia –y más recientemente sobre Irlanda y Portugal–, la que pone el toque de atención desde el verano de 2010 sobre la peligrosidad de la Deuda Pública y el Déficit Público españoles, alertando al gobierno español y exigiéndole que reduzca rápidamente ambos parámetros para evitar la Intervención –la Unión Europea considera que ningún país perteneciente a la Unión debe tener un Déficit Público superior al 3% del P.I.B. y una Deuda Pública superior al 60%: sobrepasar estos valores es considerado peligroso, es decir, el país correspondiente tiene un elevado riesgo de no ser capaz de devolver su Deuda–.

Es en este momento cuando el Estado se pone urgentemente manos a la obra con el objetivo prioritario de reducir el Déficit Público a corto plazo –que llevaría a la reducción de la Deuda Pública si se consigue pasar a Superávit–, a través de una serie de medidas que vamos a analizar a continuación y que, como vamos a demostrar, no sólo no consiguen sacarnos de la crisis, sino que tristemente nos llevan más rápidamente hacia el fondo del abismo. La razón es muy clara: sólo existen dos maneras de reducir el Déficit Público:

- Aumentar los Ingresos, que en origen provienen única y exclusivamente de las empresas privadas.

- Reducir los Gastos, realizados por el propio Estado.

Puesto que las empresas españolas no son competitivas frente al exterior, el Estado no consigue incrementar sus Ingresos, por lo que la solución tomada –siguiendo las directrices de la Unión Europea– consiste directamente en reducir los Gastos, lo cual implica, tal y como vamos a demostrar a continuación, que tenemos actualmente a Estado y Administraciones locales focalizado en ¡generar desempleo!

Tristemente, a través de la presión por parte de la Unión Europea, nos encontramos haciéndonos un "HARAKIRI ECONÓMICO": redimensionando el país a la baja –focalizados en reducir los Gastos–, lo cual nos llevará directamente a un número de parados insostenible, cayendo aún más los Ingresos del Estado por mayor caída del consumo, situación crítica que podría generar una inestabilidad económica y política similar a la de algunos países subdesarrollados.

Sin embargo, la clave, como el lector estará pensando ya, estriba ¡en incrementar los ingresos! Cómo hacer esto es lo que desvelamos a partir del próximo capítulo.

3.3.1 - La reducción de los Gastos del Estado y el incremento de presión fiscal

Tal y como hemos comentado, tenemos presiones por parte de la Unión Europea para reducir el Déficit lo más rápidamente posible, lo que nos lleva a a corto plazo a focalizarnos en reducir el Gasto e incrementar la presión fiscal a través de las subidas de impuestos. El Estado español se encuentra completamente focalizado en esto pues, si no hacemos algo para incrementar los Ingresos, no tenemos más remedio: de continuo salimos al exterior a pedir que nos presten dinero porque cada día gastamos más de lo que ingresamos.

Debido a esta situación dramática de Déficit, se justifican, desde el punto de visa de la macroeconomía, todas las acciones relacionadas y que estamos observando en la actualidad: en cuanto a la presión fiscal, no hay más remedio que subir ciertos impuestos como el IVA, la gasolina o la energía, y en cuanto a la reducción del Gasto, observamos acciones como la reducción de salarios a los funcionarios, la reducción drástica del gasto en obra pública —con el subsiguiente cierre de empresas de obra pública y de sus proveedores y empresas de servicios—, la reforma de las pensiones —alargando la edad de jubilación e incrementando los años de cotización para su cálculo—, el paso a gestión privada o privatización de servicios públicos —para una mayor eficiencia de los mismos, aprovechando mejor el personal y por tanto con el objetivo de reducirlo—, la reducción de todo tipo de ayudas de carácter social, así como el planteamiento de la continuidad de lo que se ha dado en llamar "el estado del bienestar", es decir, preguntándonos: "¿podemos seguir manteniendo los servicios públicos al nivel que hemos desarrollado hasta ahora?". La respuesta, si las empresas privadas no mejoran por su nivel de competitividad, es muy clara: NO.

¿Qué implicaciones tiene a futuro la necesidad de reducir las prestaciones sociales debido al alto nivel de Déficit Público que España no puede soportar? Son dos muy claras:

- La reestructuración completa del Sector Público, que generará un alto nivel de desempleo —adicional al actual y difícilmente soportable por un país–, generalmente a través de privatizaciones y reducción de servicios: aeropuertos, hospitales, escuelas y universidades, transportes públicos...

- La desprotección del individuo en la sociedad: si reducimos las ventajas sociales, habrá muchas personas que no podrán pagarse colegios o universidades, que enfermarán y no podrán curarse adecuadamente por no disponer de hospitales públicos o fármacos adecuados... Algo a lo que en España no estamos acostumbrados, pero que en la mayor parte de los países del mundo es lo normal, terriblemente duro y generador de altos niveles de pobreza.

¿Es por tanto esto lo que queremos? ¿Es que no tenemos más remedio que sacrificar las ventajas sociales desarrolladas durante años de democracia debido a nuestra situación de Déficit actual? En los siguientes capítulos mostramos al lector que existe otro camino, altamente generador de empleo y que permite mantener nuestras ventajas sociales y por tanto también el sector público: precisamente el que muestra este libro.

3.4 - La infructuosa ayuda a la mejora de la Competitividad

Hemos comentado que actualmente y a corto plazo el Estado está focalizado en reducir los Gastos, lo cual puede llevarnos a un entorno con mucho más desempleo si no somos capaces, al mismo tiempo, de incrementar los Ingresos que, como dijimos, sólo provienen en último término de las empresas privadas.

Es por esto que todos los gobiernos están haciendo un esfuerzo sobrehumano para ayudar a las empresas en la mejora de su competitividad; pero hemos de asumir también que los gobiernos sólo pueden hacer esto: ayudar. La responsabilidad del incremento de ventas, y por tanto de empleo, es sólo potestad de las empresas privadas y, para el crecimiento de la economía del país, la clave se encuentra en las empresas industriales.

En su función de soporte y empuje a las empresas para que sean más competitivas, el Estado español se ha focalizado en tres áreas de actuación: la reforma laboral, la apuesta por la Innovación, y el desarrollo de la Formación. Veamos a continuación en qué consiste cada una de ellas y por qué no proporcionan resultados.

3.4.1 - La reforma laboral

Desde los diferentes entornos empresariales, financieros y de expertos en economía del país se ha pedido al Estado que flexibilice el mercado de trabajo, argumentando que haciéndolo las empresas serían capaces de generar más empleo. Por principios, debo decir –y lo justificaremos a continuación– que esto es totalmente falso: ¡la reforma laboral no sirve para generar empleo! Hay que tomar otras acciones diferentes, y que explicaremos en próximos capítulos, para que una reforma laboral sirva de algo... Analicemos a continuación detenidamente por qué.

¿Para qué sirve una reforma laboral? Únicamente para reducir los costes de despido, lo cual permite despedir empleados con más facilidad. En este sentido, desde las grandes escuelas de negocio y economía del país se nos ha dicho que, al costar mucho menos despedir a un trabajador, esto facilitaría a la empresa su contratación, al perder el miedo que existe si no lo necesito a futuro. Sin embargo, me gustaría que el lector reflexionara sobre lo ya visto en el libro hasta ahora: perdemos ventas en las empresas españolas por falta de competitividad, basada en la falta de productividad –porque nuestros costes de producto son más elevados– y, debido a esto, no tenemos más remedio que despedir trabajadores; que nos cueste menos despedirlos, ¿va a proporcionarnos más competitividad, es decir, nuestro producto va a ser mejor que el del competidor extranjero? La respuesta es evidente: NO. De hecho, el problema es a la inversa... como no somos competitivos frente a las empresas extranjeras, no tenemos más remedio que despedir trabajadores, es decir, la situación de falta de competitividad es previa a la necesidad del despido, por lo que su abaratamiento no proporciona competitividad alguna frente al exterior.

Al mismo tiempo, me gustaría mostrar claramente lo dramático de la situación cuando perdemos ventas y no tenemos más remedio que despedir trabajadores: nos cueste lo que nos cueste despedirlos, e incluso aunque el coste del despido fuera nulo, el coste unitario de nuestro producto sube, es decir, cuando despedimos trabajadores perdemos directamente productividad. ¿Por qué nos ocurre esto? Es muy sencillo: cuando perdemos ventas frente a terceros por no ser competitivos, necesitamos reducir nuestra producción, por lo que tratamos de deshacernos de los costes relacionados con esa falta de producción; conseguimos por tanto deshacernos de los costes variables –la materia prima y la energía bajan de forma automática y acorde; las personas las despedimos nosotros–, pero la mayor parte de costes fijos permanecen en la empresa –los directivos, las inversiones en maquinaria e instalaciones, la superficie de las naves, etc.–, lo cual implica que hay que repartirlos entre menos producción, incrementándose rápidamente el coste unitario del producto ¡e impidiéndonos competir!

El resultado final, tristemente, mayor pérdida de ventas: cuando una empresa empieza a despedir personal, pierde directamente competitividad y, si no consigue mejorar su productividad, comienza un proceso de caída en barrena de sus ventas...

3.4.2 - La apuesta por la Innovación

Se nos dice desde las más altas esferas del conocimiento en gestión de empresas en España que, para que una empresa sea más competitiva, y por tanto incremente sus ventas y su empleo, ha de innovar. Y no sólo se potencia desde las Escuelas de Negocios sino también desde las Escuelas Técnicas y de Ingeniería. Cuando vamos a las Universidades españolas a preguntar qué debemos hacer, afirman con rotundidad que la Innovación es la clave para que las empresas salgan de la crisis, concepto que demostraremos a continuación que es totalmente erróneo.

Según las Universidades, hemos de innovar en dos áreas claramente diferenciadas. Vamos a mostrar por qué ninguna es válida:

1.- Innovación en nuevos productos y servicios

La innovación en productos y servicios, tal y como demostramos en el capítulo primero, no proporciona resultados si no tenemos Productividad. La razón, para refrescar lo leído anteriormente, está vinculada a que la innovación es fácilmente "copiable" sin protección legal alguna: si nuestro competidor tiene un coste de producto/servicio menor y nos copia, al tener mayor margen de beneficio unitario podrá utilizarlo para, por ejemplo, reducir el precio frente al nuestro e incluso dedicar más recursos a desarrollo comercial o de publicidad, quedándose fácilmente con nuestro mercado, lo que nos llevará a no conseguir ni el desarrollo de ventas ni el empleo esperado, no pudiendo amortizar el elevado coste del desarrollo en Innovación, lo cual nos situaría en riesgo elevado de entrar en pérdidas.

Conclusión 1: la prioridad para incrementar ventas no es la innovación en productos y servicios; es tener una mayor productividad para iguales niveles de calidad, y sólo a partir de este punto la innovación proporciona resultados.

2.- Innovación en procesos para la mejora de la Productividad

Considerar que la innovación en procesos es la clave para la reducción de costes y por tanto mejora de la productividad es, cuanto menos, atrevido. Sobre todo porque no sabemos de procesos, y digo esto con rotundidad porque el objetivo de este libro es precisamente ponerlo de manifiesto.

¿A qué me refiero cuando digo que no sabemos de procesos? Me refiero a que en España desconocemos el área de conocimiento que define en detalle cómo se han de gestionar los procesos en la empresa y qué herramientas utilizar para asegurar que se genera mayor productividad –menor coste– y mayor calidad. Este área de conocimiento es tremendamente amplia y compleja, y las empresas más fuertes de los países con las economías más boyantes –economías boyantes precisamente debido a que tienen empresas fuertes– llevan desde principios del siglo pasado desarrollándola como la ciencia principal para conseguir competitividad a través de la productividad.

¿Cómo puede ser que en España no sepamos que existe un conocimiento tan amplio y complejo, y que es precisamente la clave del desarrollo económico de un país? Porque el conocimiento del que hablo es intangible: si no nos lo cuentan, es imposible que sepamos que existe. En España no sólo no se desarrolla ni en

Universidades ni en Escuelas de Negocio, sino que se adiestra a los futuros directivos de nuestras empresas en otros conocimientos completamente diferentes y que no proporcionan resultados, por mucho que tengamos estudiantes con coeficiente intelectual muy elevado: la inteligencia unida al conocimiento equivocado nos lleva directamente al fracaso.

Si hiciéramos un símil comparando la dirección de empresas con la cura de enfermos, esto implicaría que, desde las Universidades, estaríamos entrenando a los que van a operar en los quirófanos en conocimientos en psicología y manejo de láser, pero nadie nos habría contado que hay que saber de medicina —no sabríamos que existe—; como los resultados obtenidos serían nefastos, los profesores de psicología y manejo de láser de nuestras Universidades apartarían a los licenciados y tomarían el control de los hospitales y, sin saber muy bien por qué, seguirían sin obtener resultado —los enfermos seguirían muriendo en los quirófanos—. Al cabo de un tiempo, los propios profesores comenzarían a proponer la innovación en psicología y manejo de láser como solución para mejorar las operaciones quirúrgicas... ¿No sería más correcto que aprendiéramos medicina? ¿Es posible, mediante innovación —prueba y error—, llegar a "inventar" el conocimiento medicina? Si apareciera un extranjero que fuese médico pero no lo supiéramos, al observarle y confirmar que obtiene resultados fácilmente, ¿podríamos llegar a pensar que es un "brujo", que es sobrehumano?

Tras este análisis y símil básico, que espero sea fácilmente entendible por el lector, reformulamos el símil para el entorno empresarial: ¿No sería más correcto que aprendiéramos el conocimiento que necesitamos? ¿Es posible, mediante innovación —prueba y error—, llegar a "inventar" el conocimiento que llevan desarrollando durante todo el siglo pasado americanos y japoneses para conseguir Productividad en sus empresas? Cuando observamos las empresas de los países más ricos, ¿podríamos llegar a pensar que son "diferentes", que como son americanos, japoneses o alemanes son "seres superiores"? Déjeme decirle, querido lector, que esto no es así: los extranjeros no son más inteligentes que nosotros...

Conclusión 2: para mejorar la Productividad no hay que innovar, hay que aprender. En el siguiente capítulo mostramos cuál es el conocimiento que desconocemos y que hemos de desarrollar.

Ahora bien, volvamos tras este análisis a nuestro entorno de desconocimiento. Puesto que desde las más altas instancias de "conocimiento" en España se está proponiendo la Innovación como clave, el Estado, siguiendo las recomendaciones de los "expertos", está realizando un gran esfuerzo para que las empresas sean capaces de desarrollar la Innovación. La pregunta que le hago al lector es: ¿sirve esto de algo? La respuesta, con respecto a la mejora de la productividad empresarial, es clara: NO. Sin embargo sí que produce el efecto opuesto: incrementa drásticamente el déficit público debido al incremento de los gastos del Estado sin obtención de resultado alguno, lo cual nos lleva aún más al riesgo de quiebra como país tras seguir el consejo y la presión de los "grandes expertos" de Universidades y Escuelas de Negocio.

3.4.3 - El desarrollo de la Formación

Si hay algo en lo que estoy muy de acuerdo, y siempre afirmaré, es que la Formación para adquirir Conocimiento es lo único que nos permite hacer las cosas bien y mejorar. Y sólo de esta manera se consigue salir de la Ignorancia; si eres muy inteligente pero no sabes de un tema determinado... ¡simplemente no sabes! Por tanto, no podemos pretender ser mejores que los que tienen la formación y la experiencia correctas en ese terreno: es imposible.

Es por esta razón por la que se potencia por parte de la Administración la Formación en las empresas y a los trabajadores, tanto en activo como en desempleo, a través de subvenciones al 100% en cursos de Formación. Por otro lado, nuestras Universidades públicas –que son la gran mayoría, y gozan de reconocido prestigio nacional e internacional en sus diferentes áreas de conocimiento– se han encontrado también históricamente subvencionadas en un alto porcentaje del coste de matrícula. El objetivo es muy claro: dotar a los trabajadores y directivos –presentes y futuros– de la formación que les permita competir y aportar valor en el entorno laboral, y dotar a las empresas del mejor conocimiento para la mejora de su gestión, y por tanto de su Competitividad, a través de la adquisición del conocimiento adecuado.

Sin embargo, tras la elevada inversión continua realizada por el Estado en Formación desde la transición española a la Democracia hasta nuestros días, y mucho más potenciada incluso desde el momento del estallido de la crisis financiera mundial, seguimos sin conseguir resultados en las empresas. El lector se preguntará lo mismo que yo: si tenemos más titulados universitarios que nunca y que la mayor parte de países del mundo, si las empresas reciben múltiples cursos de Formación gratuitos, en su mayor parte impartidos por consultores y expertos técnicos y de empresa de muy alto nivel, si nuestras Universidades son consideradas como "campus de excelencia" –reconocimiento oficial internacional–, si nuestras grandes Escuelas de Negocio se encuentran entre las primeras de Europa y sus egresados pasan a engrosar las direcciones generales de nuestras empresas... ¿cómo puede ser que las empresas españolas no levanten cabeza? ¿Cuál es el problema?

"El problema real de España se encuentra en la Formación:
no potenciamos el conocimiento adecuado
en Gestión de Empresas
ni en nuestras Universidades ni en las Escuelas de Negocio"

Sé que es muy duro decir esto, pero es precisamente la idea principal que quiero transmitir en este libro. En sucesivos capítulos explicaré por qué no disponemos del conocimiento adecuado, cuál es ese conocimiento que nos falta y en qué consiste, para qué empresas y en qué países es considerado actualmente como el conocimiento fundamental para incrementar ventas, beneficios y empleo, desde cuándo se viene desarrollando y cuál es su origen, en qué grado de evolución se encuentra actualmente en la sociedad mundial, por qué no hemos sido capaces darnos cuenta y, por supuesto, cómo afecta a nuestras empresas y a nuestra economía que otros lo posean y nosotros no...

A esta última reflexión sobre cómo nos afecta, el lector ya habrá ido seguramente dándole forma, pues los ejemplos de la vida diaria nos llevan a conclusiones también lógicas. Un símil al respecto sería: "Si no sé hacer un huevo frito y nunca he visto ni me han enseñado cómo cocinarlo... ¿puedo hacer el huevo frito mejor que un cocinero profesional?" Claramente la respuesta es obvia: NO. Nuestro conocimiento a la hora de gestionar empresas, frente al de las empresas de los países con las economías más potentes, nos lleva a reflexionar de nuevo y nos proporciona la capacidad del autoanálisis: en nuestras cocinas somos autodidactas, y competimos con cocineros profesionales que acuden a las más altas escuelas de cocina... ¿Podemos acaso pensar que llegaremos alguna vez a ser mejores que ellos?

Tras esta comparación entre la cocina y la dirección de empresas, me gustaría preguntar al lector: ¿sirve de algo que el Estado realice un tremendo y constante esfuerzo para potenciar la Formación, si nos falta el Conocimiento base en Gestión empresarial en el cual no se nos forma? Sólo sirve, tristemente, para dos cosas: incrementar nuestro Déficit Público y nuestro endeudamiento, y desviar la atención del Conocimiento clave...

Tengo que decir, por otro lado, que toda la formación técnica y empresarial en la que invertimos es necesaria: formamos a nuestro personal directo y de supervisión técnica en electrónica, mecánica, electricidad, construcción, química, informática... A nuestro personal directivo en estrategia, marketing, finanzas, coaching y RR.HH., desarrollo del pensamiento innovador... Sin embargo, no disponemos del Conocimiento que vincula a ambos mundos, considerado en las empresas de los países con las economías más potentes del mundo como el conocimiento fundamental para ser más competitivo, y que desarrollamos en este manual: La Dirección de Operaciones.

3.5 - Apéndice sobre Proteccionismo Económico en España

Debido precisamente a que no se están consiguiendo resultados en la Economía aplicando las soluciones actuales, desde algunos entornos políticos y económicos se está proponiendo potenciar y endurecer las medidas proteccionistas, de forma que sea el Estado el que proteja a las empresas españolas frente al exterior mediante las políticas intervencionistas tradicionales, incrementando sobre todo aranceles y devaluando la moneda.

Entendamos antes de nada qué es esto de las políticas proteccionistas: como resumen muy simple, diremos que son las que el Estado pone en marcha para proteger a las empresas españolas frente a las extranjeras, actuando para generar diferencias artificiales en precio entre los productos españoles y los extranjeros, de forma que los españoles bajen o los extranjeros suban, potenciando de esta manera que se consuman los nuestros, tanto dentro de nuestro país como a través de las exportaciones.

La situación que se está actualmente denunciando desde algunos entornos políticos y económicos es que, desde que España entró en la Unión Económica y Monetaria Europea, el control sobre las políticas proteccionistas no se encuentra en poder del

Estado español sino en la propia Unión Europea, lo cual implica que existe una política común de decisiones frente a los países externos a Europa —actualmente se materializa en una elevada permisividad de entrada de productos de otros continentes como Asia, Africa o Sudamérica, lo cual es sumamente contraproducente, no teniendo los países europeos capacidad legal para tomar decisiones proteccionistas individuales—, y además nos encontramos completamente desprotegidos frente a nuestros propios competidores internos en la Unión, que son actualmente algunos de nuestros más feroces contrincantes: Alemania, Francia, Reino Unido, Europa del Este... Debido a esto, desde algunos foros se comienza a argumentar que España debería salirse de la Unión Europea, volver a la peseta, y tener así de nuevo el control sobre las políticas proteccionistas, de forma que se pueda actuar sobre las diferencias de precio entre España y el resto de países... Ahora bien, ¿estamos seguros de que esto sería lo adecuado? ¿No estaríamos mucho más desprotegidos si nos salimos de la Unión Europea? Veamos pues si estas políticas conseguirían los resultados que pretenden...

¿En qué consiste cada una de las políticas proteccionistas? Realicemos a continuación un análisis de validez en nuestra situación actual:

- Por un lado, los aranceles implican que el Estado incrementa los impuestos a los productos importados —y por tanto fabricados fuera del país— de forma que resulten más caros que los fabricados internamente, y por tanto el objetivo sea que se desarrollen así las ventas de las empresas industriales dentro de nuestras fronteras, generando el empleo deseado.

- Por otro lado, a través normalmente de la emisión de dinero papel, el Estado consigue la devaluación de la moneda, y automáticamente ésta pasa a tener un valor menor que las extranjeras, de manera que con una unidad de moneda extranjera se puedan comprar más unidades de moneda local: así un producto español, que tiene un valor constante en moneda local, bajará de precio al cambio en moneda extranjera. El objetivo es el mismo que con los aranceles: que el producto nuestro sea más atractivo para los extranjeros que los propios productos extranjeros.

Explicado de esta manera, parece lógico que las políticas proteccionistas puedan ser una solución a la crisis industrial española. Sin embargo, vamos a demostrar que no lo son; las razones las siguientes:

- Igual que nosotros podemos devaluar la moneda y fijar aranceles a los productos extranjeros, el resto de países también podría hacer lo mismo fácil y rápidamente, lo cual no proporcionaría una disminución de precios sostenible en el tiempo.

- Las empresas de los países ricos están focalizándose en conseguir mejoras drásticas de Calidad y Productividad, a través del desarrollo del conocimiento en Gestión Empresarial del cual España carece, y que mostramos en los capítulos siguientes. Tal y como explicaremos, a través de este conocimiento se consigue un potencial mucho mayor de reducción de precios a través de la reducción de costes ¡que a través de políticas proteccionistas!

- Existe un peligro mucho mayor para los españoles si aplicamos estas políticas: España no tiene presencia en los principales sectores industriales, es decir, comparados con el resto de países... ¡no tenemos producto! Esto implicaría que, si aplicamos políticas proteccionistas en las que se encarece el producto extranjero con respecto al español, lo único que ocurriría es que la mayor parte de productos ¡nos saldrían más caros!, pues tendríamos que importarlos igualmente ya que, como hemos dicho, tenemos escasa industria propia.

Este análisis nos lleva a una conclusión que el lector ya habrá intuido por su cuenta: las políticas proteccionistas no sirven para la mejora de la Competitividad de las empresas españolas. Es más, nos hundirían aún más en la crisis económica por dos razones fundamentales: por un lado, los españoles seríamos más pobres –nos costarían mucho más caros los productos, pues no tendríamos más remedio que importar la mayor parte de todas formas–, y por otro lado, puesto que nos tendríamos que salir de la Unión Europea para poder aplicarlas, el riesgo de quedarnos aislados de nuevo, tal y como ocurrió durante casi 40 años tras la Guerra Civil, sería fatal para nuestra Economía, sin posibilidades de ayuda y control por parte de la Unión Europea, y dificultando así mismo la exportación y la salida de españoles a trabajar fuera…

3.6 - Conclusión del capítulo

Si todo lo que hemos visto, que es lo que aconsejan todos los expertos y libros de Economía, no sirve para mejorar la situación del país ni de sus empresas… ¿Qué es lo que hay que hacer? La respuesta, a continuación, en los siguientes capítulos…

CAPÍTULO 4

El conocimiento NO desarrollado
LA DIRECCIÓN DE OPERACIONES

"Sólo hay un bien, el conocimiento. Sólo hay un mal, la ignorancia"

– Sócrates

4.1 - La empresa en el olvido: el área clave de gestión empresarial

¿Es importante gestionar las empresas adecuadamente? En el entorno globalizado actual es FUNDAMENTAL. Vimos en capítulos anteriores que la Globalización nos lleva a la conclusión de que sólo las empresas privadas, cuando son más competitivas que las empresas privadas extranjeras, son generadoras de empleo. Dentro de las empresas privadas, concluimos también que sólo los sectores industriales son los garantes de la economía, es decir, si las empresas industriales pierden ventas frente a las extranjeras, el empleo cae dramáticamente en todos los sectores de actividad privados y públicos, llevando al colapso a la economía del país.

Es precisamente en Gestión de Empresas en lo que se especializan las Escuelas de Negocio y las Facultades de Administración y Dirección de Empresas, para formar adecuadamente a los futuros ejecutivos al mando de las empresas, y cuya capacidad de gestión y toma de decisiones será clave para conseguir mayor competitividad. Gestionar empresas adecuadamente vimos que implicaba conseguir que la empresa sea capaz de generar un producto mejor que el de la competencia, en términos de coste –lo cual afectará al precio y al beneficio–, calidad, plazos de entrega y flexibilidad –que permite mayor variedad de producto–. Dentro de estos parámetros, también llegamos en su momento a la conclusión de que, a igualdad de características del producto, el parámetro coste es prioritario: la capacidad estratégica de una empresa, y por tanto su capacidad competitiva, depende de la PRODUCTIVIDAD.

Vayamos pues un poco más allá y bajemos de la Economía al mundo de la Empresa. Hagamos un análisis más exhaustivo que nos permita evaluar en qué áreas deben formarse los directivos de las empresas para conseguir precisamente que las ventas de la empresa se incrementen frente a las de las empresas competidoras. Las 4 áreas en las que se divide toda empresa son:

```
                    ┌──────────────────┐
                    │   DIRECCIÓN      │
                    │   GENERAL        │
                    └──────────────────┘

┌──────────────┐   ┌──────────────┐   ┌──────────────┐
│ DIRECCIÓN    │   │ DIRECCIÓN DE │   │ DIRECCIÓN    │
│ COMERCIAL/MK │   │ OPERACIONES  │   │ FINANCIERA   │
└──────────────┘   └──────────────┘   └──────────────┘

   Evalúa
 necesidades       Mejor producto:
   de los                              Gestiona
  clientes.  ←    -- COSTE             fondos y
 Cuenta lo que    -- CALIDAD      →    genera
  la empresa      -- PLAZOS            informes
    hace          -- FLEXIBILIDAD
```

Dichas 4 áreas es fundamental que funcionen perfectamente y sincronizadas entre sí para que la empresa sea más ágil y competitiva, y por tanto lo ideal es que los directivos de cada área tengan conocimientos profundos de las 4. Aquella empresa en la que los directivos no sepan de las 4 áreas será, con toda seguridad, menos competitiva que la empresa en la que todos los directivos tienen el conocimiento completo, la visión global.

Analicemos pues en qué consiste cada área:

- La dirección general es responsable de la estrategia global de la empresa, implicando dirección de desarrollo tecnológico, innovación en productos y servicios, análisis de la competencia, potenciación de diferentes áreas de la empresa en la cadena de valor, adquisición de recursos tangibles e intangibles, posicionamiento en relación a calidad y precio, etc.

- La dirección comercial y marketing es responsable por un lado de definir estratégicamente los mercados a abordar, detectar las necesidades de los potenciales clientes y colaborar en la definición del producto, y por otro lado comunicar a los mercados el valor aportado por la empresa, llevando a cabo acuerdos comerciales de venta con los diferentes clientes potenciales.

- La dirección administrativo-financiera es por un lado responsable de la gestión de los flujos de capital en la empresa, de entrada —socios, bancos y facturas—, y de salida —inversiones en la empresa y gastos: personal, proveedores, etc—, con el objetivo de asegurar que existe capital suficiente en todo momento para afrontar los diferentes retos empresariales, y por otro lado generadora de informes periódicos sobre la evolución de la empresa, es decir, sobre cómo funcionan en su conjunto el resto de áreas desde el punto de vista del capital.

- La dirección de producción y operaciones es la responsable de generar de continuo los productos y servicios que los clientes solicitan, con las características adecuadas de calidad, en el plazo definido, con el grado de flexibilidad requerido por el mercado para atender la variedad cambiante y creciente de necesidades, y por supuesto de forma rentable, es decir, buscando de continuo costes más bajos.

Una vez definidas claramente, y entendiendo que la empresa necesita del funcionamiento sincronizado de todas las áreas entre sí sin menospreciar ninguna, dediquémonos a analizar cuál de las áreas descritas es la que, a través de una mejor gestión –y por tanto a través de un mayor conocimiento sobre la misma– la empresa consigue incrementar rápidamente sus beneficios y sus ventas, y por tanto genera empleo para la sociedad:

- Puesto que cada empresa tiene que competir con las demás en el mercado, una gran parte de los lectores pensará que es sin duda el área de Dirección General la clave, pues define la estrategia global.

- Por otro lado, y puesto que la empresa tiene estar en continuo contacto con la sociedad –donde se encuentran los clientes potenciales– para conseguir vender de continuo los productos y/o servicios, otra gran parte de los lectores pensará que el área de Dirección Comercial y Marketing es la clave.

- Al mismo tiempo, un porcentaje de los lectores pensará también que la empresa ha de tener beneficio para poder subsistir y por tanto, para este colectivo, el área de Dirección Administrativo-Financiera es la prioritaria.

- Desde luego, si preguntáramos a los grandes gurús de las Escuelas de Negocio y Facultades de Administración y Dirección de Empresas españolas, ninguno de ellos argumentaría que el área de Dirección de Producción y Operaciones es la principal, pues es un área tradicionalmente delegada a los ingenieros, por ser percibida fundamentalmente como un área técnica.

Dicho todo esto planteémonos, antes de profundizar más, varias cuestiones simples y sencillas en la mente de todo individuo:

- Cuando decimos que trabajamos en una empresa y nos preguntan a qué se dedica la empresa, ¿qué contestamos? "Mi empresa se dedica a…". En la mente de cada uno de los lectores habrá diferentes respuestas, en función de la experiencia y las vivencias de cada uno; sin embargo, todo lo que respondamos el lector se dará cuenta de que corresponde únicamente a un área: el área que genera los productos y servicios, el área de Operaciones.

- Si nos planteamos dónde se encuentra la mayor parte de los recursos de la empresa (humanos, materiales, inmovilizados, financieros…), la respuesta también es la misma: la mayor parte de los empleados, la mayor parte de la tecnología / maquinaria / instalaciones, los alquileres o amortizaciones de edificaciones (naves, oficinas, etc.), las materias primas, componentes o productos comprados –en su conjunto más del 90% de los recursos de la empresa en valor monetario– se encuentran en el área de Operaciones…

Tras estas dos preguntas, seguramente el lector estará pensando algo así como… "Si la mayor parte de los costes se encuentra en el área de Operaciones, y es muy importante que estén bajos –Productividad– para que la empresa incremente las ventas, y por tanto el empleo… ¿No será importante gestionarla mejor que la competencia? ¿No sería ideal que supiéramos mucho de este área?." Si esto es así, nuestra intuición no nos traiciona…

Hemos analizado las funciones de cada área desde un punto de vista individual, pero ¿cuáles son las funciones de las diferentes áreas de la empresa a la hora de interaccionar entre sí?:

- El área estratégica se encarga de adaptar y redefinir el modelo de negocio para competir en el entorno cambiante: ¿a qué nos vamos a dedicar? ¿con quién competimos? Se encarga pues de redefinir el modelo de Operaciones.

- El área comercial y de marketing se encarga de comunicar a la empresa las necesidades cambiantes de los clientes en cuanto al producto: se encarga de comunicar cuáles son las necesidades de cambio del área de Operaciones para adaptarse a los clientes. Así mismo se encarga de comunicar a los clientes los productos que la empresa tiene y sus características: los productos de la empresa se producen en el área de Operaciones, y sus características dependen cómo se gestione este área.

- El área financiera se encarga de asegurar que la empresa dispone de capital suficiente en todo momento para asegurar que todas las actividades de la empresa se llevan a cabo adecuadamente, manejando normalmente la relación con los bancos, proveedores y clientes, y gastos de la empresa. Lo que hemos de tener en cuenta es que la mayor parte del capital y los gastos –normalmente más del 90%– es absorbido por el área de Operaciones; si el área de Operaciones se gestiona mejor, los gastos son menores...

- El área de operaciones se encarga de generar el producto/servicio demandado en las mejores condiciones para poder competir con el resto de empresas que poseen productos similares dirigidos a mercados similares. Si este área se gestiona mejor, ¡el producto es mejor! Y esto, a los ojos de un cliente potencial, pone a nuestra empresa en una posición mucho más ventajosa para ser elegida, y por tanto, a medio plazo, ¡incrementamos ventas y empleo!

Recuerdo que un día, en mi experiencia pasada en multinacionales de alto nivel, me preguntaron si sabía qué o quién pagaba mi salario. Recuerdo también que respondí vagamente varias respuestas diferentes: la empresa, los clientes, las ventas... Cuál fue mi sorpresa al darme cuenta de que no había acertado: "Tu salario, querido Gerardo, lo pagan los productos que salen por la puerta. Si estos productos no salen en las mejores condiciones, los clientes no nos los comprarán." Es en ese momento cuando me di cuenta de cuál era el área clave, el "alma mater" de toda empresa: El área de Operaciones.

Como conclusión a este apartado, me gustaría lanzar varias preguntas:

- Si el alma mater de la empresa es el área de Operaciones, ¿es importante gestionarla adecuadamente? Si, por otro lado, absorbe la mayor parte de recursos de la empresa, ¿será sencillo o complejo gestionarla? ¿Es importante para mantener los costes bajos, y por tanto para la Productividad?

- ¿Qué pensaría el lector si descubriera que es la gran olvidada de nuestras universidades y escuelas de negocio –y por consiguiente de nuestras empresas–, que la consideran nada importante para la competitividad y el incremento de ventas y beneficios (y por tanto para la creación de empleo)?

Nunca hemos considerado importante el área de conocimiento en Dirección de Operaciones en España: no la hemos ni desarrollado ni potenciado en nuestras Universidades y Escuelas de Negocio y, por tanto, no llega a las empresas...

4.2 - El conocimiento en Gestión de Empresas en España: las Universidades

Las Universidades son las responsables del desarrollo de la formación de alto nivel en todas las áreas de conocimiento en cualquier país, no solamente en cuanto a aptitud sino también en cuanto a actitud. Es por esto que es muy importante que se imparta la formación adecuada, siempre desde el respeto hacia el entorno y las personas, y desde el punto de vista de la colaboración: es importante formar personas orientadas al trabajo en equipo.

Dentro de las Universidades tenemos una serie de Escuelas y Facultades en las que se imparten diferentes conocimientos en Gestión de Empresas, y cuyos egresados se encuentran dirigidos a formar parte de la clase directiva, es decir, serán los futuros ejecutivos, mandos intermedios y personal staff de las empresas y, en función de que hayan adquirido los conocimientos y aptitudes adecuados, serán capaces de conseguir que las empresas en las que se encuentren sean más o menos competitivas, incrementen o pierdan ventas y beneficios, y como consecuencia generen o destruyan empleo. Es por tanto una gran responsabilidad la que estas Escuelas y Facultades tienen con respecto a la sociedad, desde el punto de vista de la generación de riqueza y la mejora de la economía del país.

¿Cuáles son estas Escuelas y Facultades? Son las siguientes:

• Las Facultades de Economía, y Administración y Dirección de Empresas, que se dedican principalmente a la formación en Economía y Gestión.

• Las Escuelas Técnicas, formadas por las Ingenierías, Arquitectura, Informática, etc., que se dedican a la formación en la creación y manejo del producto físico.

• Las Escuelas de Negocio, generalmente de carácter privado y de mayor prestigio, y que imparten los llamados M.B.A. –Master in Business Administration, o Master en Dirección de Empresas–, dirigidas principalmente a la formación en Gestión de Empresas, pero de carácter más ejecutivo y con profesorado con importante trayectoria empresarial.

La figura siguiente muestra el organigrama utilizado al principio del capítulo en el que dividíamos la empresa en 4 áreas fundamentales, y a partir del cual vamos a mostrar en qué se forma a los futuros directivos en nuestras Escuelas y Facultades.

Si nos fijamos bien, hay algo que llama la atención: el área de Dirección de Operaciones se encuentra tachada; es el conocimiento no desarrollado. Mostremos pues qué se explica en cada una de las Escuelas y Facultades, y por qué esto ocurre:

Áreas de Conocimiento

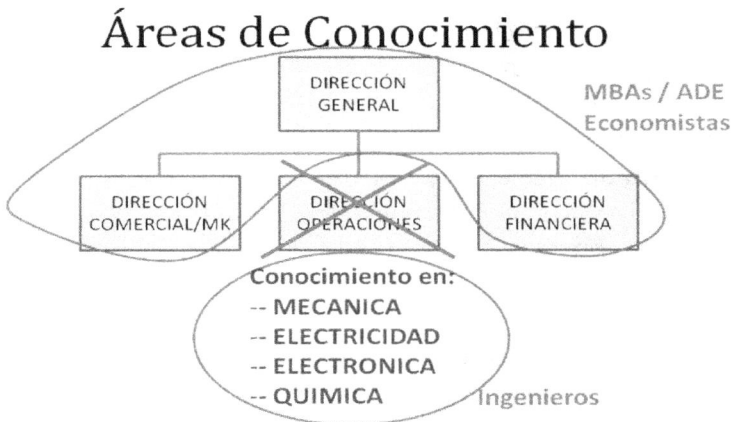

- En las Facultades de Economía, y Administración y Dirección de Empresas, se forma a los alumnos en todas las áreas generales de la Economía y/o de Gestión de la empresa (Microeconomía, Macroeconomía, Finanzas, Recursos Humanos, Estrategia, Marketing y Dirección Comercial...), excepto en la de Operaciones. En la mente de estos estudiantes, ni siquiera el área existe; sin embargo, muchos de ellos serán directores generales en empresas en el medio plazo...

- En las Escuelas Técnicas –básicamente Ingenierías– se explica cómo hacer físicamente el producto: se aprende mecánica, electrónica, electricidad, telecomunicaciones, construcción de obra pública y viviendas, instalaciones... Debido a que tienen este conocimiento técnico, se deja a los ingenieros que sean los que copen los puestos directivos en el área de Operaciones; sin embargo, nadie les ha explicado nada relacionado con la Gestión de este área: se piensa fundamentalmente que es un área técnica, cuando en realidad es el área más importante y compleja de Gestión...

- Las Escuelas de Negocio son las más prestigiosas instituciones donde se forma a futuros, y en muchos casos ya presentes ejecutivos en la excelencia en la Gestión de Empresas. Son Escuelas privadas con fuerte carácter empresarial, pues su profesorado ha estado formado generalmente en las mejores Universidades internacionales y han sido o son altos ejecutivos en empresas potentes. A través de sus programas M.B.A., dotan al egresado de un reconocimiento internacional para los puestos directivos de alto nivel. En estas Escuelas en España se explica algo –muy poquito, y en muchos programas de Escuelas pequeñas o locales nada– sobre Operaciones, argumentando básicamente que es un área generalmente relegada a los ingenieros y que "no es importante" para la mejora de la competitividad. Es decir, se vuelven a potenciar otras áreas como las importantes en la Gestión de la empresa para incrementar ventas y beneficios, y se deja a Operaciones a un lado...

¿Por qué ocurre esto? ¿Cómo puede ser que nos dejemos a un lado un área tan importante de conocimiento? En realidad no existe ningún culpable: la respuesta se encuentra en la historia...

4.3 - La Historia Industrial del Siglo XX

4.3.1 - El origen de la Dirección de Operaciones: Ford Motor Company

En 1903, un señor llamado Henry Ford crea la Ford Motor Company, primera empresa en el mundo que, cambiando completamente la forma de trabajar con respecto a cualquier tipo de producción anterior –producción artesanal–, consigue reducir los costes de los vehículos fabricados drásticamente, mínimo del orden de 10 veces menos que cualquier empresa que compitiera con él. ¿Cuál era el sueño de Henry Ford? Conseguir que los coches estuvieran al alcance del bolsillo de cualquier persona: que sus propios trabajadores pudieran comprar sus coches. De esta manera, y sin prácticamente darse cuenta, activó rápidamente y de forma masiva el sistema capitalista, que se basa fundamentalmente en que el consumo es el que mueve la economía; Henry Ford tenía muy claro que la capacidad de consumo no la tiene la gente rica, sino la gente pobre –la clase trabajadora–, y que tenían que estar bien pagados para poder generar consumo, para poder comprar sus coches…

Al ser el primero en conseguir bajar el precio de un vehículo radicalmente para que estuviera al alcance de cualquiera –debido a la mejora drástica conseguida en Productividad–, el volumen de demanda por primera vez estaba en manos de la clase trabajadora. La alta demanda generaba incremento radical de producción, que generaba más empleo en la propia clase trabajadora, y por tanto volvía a incrementar la demanda: estábamos ante la Revolución Industrial que significó el inicio práctico real del sistema capitalista… lo que se llamó a posteriori "La Producción en Masa".

¿Cómo consiguió Ford esa mejora drástica de Productividad, base de la Competitividad de cualquier empresa? Su forma creativa de pensar –actualmente llamado "Pensamiento Lateral"– le hizo plantearse: ¿y si se pudieran hacer las cosas al revés? Esto fue lo que le llevó al desarrollo de un conocimiento que hasta entonces no existía, clave para conseguir Productividad: la Dirección de Operaciones.

- Antes de que Ford comenzara a tener la necesidad de desarrollar el conocimiento en Dirección de Operaciones, las industrias eran todas de tipo artesanal. El maestro artesano realizaba cada producto completamente, desde el principio hasta el final, y necesitaba de gran cualificación y experiencia, muy difíciles de encontrar, siendo lo difícil sobre todo formar nuevos maestros artesanos. El propio artesano se lo hacía todo: se preparaba las herramientas, se aprovisionaba de materiales, corregía los defectos de calidad, etc.: el artesano era el que se movía, y el producto permanecía inmóvil en la misma posición.

- Como gran observador que era, Ford se planteó qué pasaría si en lugar de que se moviera el artesano y el producto permaneciera quieto, fuera el producto el que se moviera y el artesano se quedara quieto. Se puso manos a la obra a probar lo que pensó y, sin él mismo pretenderlo, inventó lo que se ha dado en llamar la "Cadena de Montaje": fabricación sincronizada de productos que se mueven por la empresa, permaneciendo las personas fijas en la misma posición. El reto parecía muy interesante pero, ¿qué supuso probar este nuevo sistema?

  o Los trabajadores de la fábrica ya nunca más harían el producto entero, sino una parte muy pequeña: la división del trabajo y especialización de la mano de obra comenzó a ser algo fundamental, de forma que cada trabajador hacía unos minutos del producto y siempre los mismos, repetidos muchas veces al día. Esta repetición continua es precisamente la que permitió mejorar la Productividad y la Calidad al mismo tiempo, a través de lo que se llamó a posteriori "Curva de Aprendizaje": cuando repetimos de continuo las mismas tareas repetitivas, somos en poco tiempo mucho más rápidos –más productivos– y dominamos lo que hacemos a la perfección –lo hacemos mejor, con más calidad–. Por otro lado, consiguió al mismo tiempo algo muy importante: al hacer pocas tareas repetitivamente, cualquier persona –con una formación especialista, sin necesidad de ser artesano– podía trabajar para Ford, lo cual se convirtió en la base de la capacidad de generación de empleo y, por tanto, de generación de consumo.

o Debido a que tenía que organizar mucha mano de obra para dar soporte a la Cadena de Montaje, Ford no podía permitir que cada uno hiciera lo que quisiera –como hasta entonces había ocurrido con los artesanos–, por lo que tuvo que asignar la responsabilidad de la definición de los puestos de trabajo a un tipo de perfil que hasta entonces tampoco existía: los Ingenieros de Procesos, que aplicaban lo que luego se llamó "Ingeniería de Métodos y Tiempos", base de cálculo y medición de la Dirección de Operaciones. Todos conocemos la famosa película "Tiempos Modernos" de Charlie Chaplin, donde se parodia precisamente el famoso modelo productivo de Ford.

o Finalmente se dio cuenta de que, al estar los trabajadores estáticos en sus puestos de trabajo, no podían ser ellos mismos los que se suministraran los materiales ni los que manejaran el producto final, por lo que definió otro tipo de perfiles vinculados a un conocimiento complejo que también es base de la Dirección de Operaciones: la Gestión Logística.

• Al poner en marcha todo esto, Ford se dio cuenta de que era precisamente la excelencia en la Gestión integrada de las Operaciones lo que le proporcionaba ventaja competitiva –reducción de precio, incremento de ventas e incremento de beneficios–, a través de la mejora de la Productividad conseguida a partir de la ejecución adecuada de las diferentes áreas que integran el conocimiento, para conseguir la sincronización absoluta de la fabricación.

Tras esta descripción histórica sobre cómo surgió Ford Motor Company, líder mundial como marca en fabricación de vehículos automóviles durante casi 100 años, el lector tiene ya seguramente herramientas suficientes para poder contestar a la siguiente pregunta: de las diferentes áreas que integran cualquier empresa, ¿cuál era el área clave para Henry Ford?

4.3.2 - El desarrollo de la Dirección de Operaciones: el Ejército de Estados Unidos

Cuando Ford comenzó a desarrollar su nuevo modelo productivo y los primeros pilares del conocimiento en Dirección de Operaciones, se dio cuenta de que era muy importante que sus trabajadores estuvieran bien pagados para poder comprar sus coches, por lo que comenzó a potenciar diferentes categorías laborales en función de la actitud, de la formación y de la especialización necesaria en cada puesto, subiendo los sueldos de forma generalizada. Poco tiempo después le surgieron competidores potentes en Estados Unidos que aprendieron del mismo Ford –General Motors, Chrysler–, extendiéndose el conocimiento y la forma de trabajar a lo largo y ancho del país, no sólo en sus propias fábricas sino también en los proveedores, y de aquí fácilmente al resto de sectores industriales. Esto trajo consigo 2 consecuencias:

- Los tradicionales sectores artesanales se vieron relegados a la mínima parte, desapareciendo la mayor parte de empresas y quedando tan solo aquéllas que eran capaces de ser la mejor empresa artesanal de cada sector.

- Debido al crecimiento radical del empleo mejor pagado y, debido a esto, del crecimiento del consumo, se incrementó rápidamente el poder adquisitivo de los americanos y la riqueza de Estados Unidos. El proceso es muy simple: del impresionante incremento en empresas industriales y en empleados mejor pagados, se generó una gran activación del consumo por un lado, y por otro lado el Gobierno Norteamericano comenzó a facturar muchos impuestos, lo que llevó a un enriquecimiento rápido y masivo de las arcas del país, de los Ingresos del Estado.

Este crecimiento industrial de la Economía Norteamericana coincidió con un momento de la historia mundial tremendamente complicado: la sucesión de las dos grandes Guerras Mundiales. Debido al incremento en los Ingresos producido por el "boom" industrial, el Gobierno Norteamericano decidió tomar dos acciones paralelas al tener la necesidad de participar en ambas guerras:

- Invertir gran parte de sus Ingresos, obtenidos a través de los impuestos, en fabricación de armas, construcción de barcos y aviones militares, y en la instrucción y organización de tropas; en definitiva, en desarrollo militar.

- Pedir a Ford y otros fabricantes que le ayudaran a desarrollar la fabricación de material y equipos militares, utilizando para ello sus fábricas, que ya funcionaban bajo los principios de la Dirección de Operaciones.

Estas acciones tuvieron como resultado tres nuevas consecuencias que convirtieron al Ejército Norteamericano en el más potente del mundo:

- El superávit de Ingresos del Estado permitió el reclutamiento de una gran cantidad de soldados y personal militar de todo tipo, y su instrucción en las Escuelas Militares. Paralelamente se disponía de una gran cantidad de capital para la inversión en armamento y equipamiento militar –barcos, aviones, tanques, camiones, vehículos de todo tipo– creándose así un ejército muy potente.

- La capacidad de fabricación masiva y rápida a bajo coste en las fábricas de Ford y el resto de fabricantes, que funcionaban ya bajo el nuevo sistema de producción, hizo que el Ejército de Estados Unidos tuviera más armamento y más equipamiento que ningún otro, y por lo tanto, mayor potencia militar.

- La interacción con Ford y el resto de fabricantes de automóvil permitió al Ejército Norteamericano aprender los primeros pilares del conocimiento en Dirección de Operaciones que puso en marcha el propio Henry Ford, sobre todo en cuanto a la Gestión Logística, dándose cuenta que era precisamente el conocimiento clave para ganar cualquier guerra: la Excelencia en Operaciones Militares...

Es a partir precisamente de la Segunda Guerra Mundial cuando el Ejército Norteamericano coge el testigo del desarrollo de la Dirección de Operaciones, paralelamente al desarrollo de las empresas, retroalimentándose unos a otros: los nuevos conocimientos desarrollados por las empresas pasaban al Ejército, y los conocimientos desarrollados por el Ejército pasaban a las empresas... El lector intuirá perfectamente cuál era el flujo de transmisión de conocimiento principal; la razón es muy simple: la Guerra Fría impulsó un gasto continuo y desmesurado de Estados Unidos en Defensa...

Conocimientos por ejemplo como la Gestión de Proyectos comenzaron a desarrollarse a partir de la necesidad de acortar tiempos en los proyectos, con su primera aplicación en la integración de misiles Polaris, de combustible sólido con armas nucleares, en submarinos norteamericanos en 1958. Las primeras investigaciones sobre sistemas informáticos trabajando en red, que dieron décadas más tarde como resultado lo que conocemos como Internet, y que ha revolucionado el entorno empresarial mundial y nos ha llevado a la Globalización, se llevaron a cabo por encargo del Departamento de Defensa de Estados Unidos en 1962. Más recientemente, la primera Guerra del Golfo puso en práctica en 1991 los conocimientos desarrollados en "Supply Chain Management", mediante el cual la Gestión Logística pasa al rango de Estrategia dentro del conocimiento global en Dirección de Operaciones...

Por supuesto, en el desarrollo de todos estos conocimientos participaron y siguen participando de continuo las mejores empresas y las mejores Universidades norteamericanas, por lo que la transferencia del conocimiento en Dirección de Operaciones se realiza de forma fácil, directa y práctica a las empresas norteamericanas –y a los futuros ejecutivos a través de sus programas M.B.A.–, posicionándose por tanto como las líderes mundiales en Productividad y Calidad de sus productos, pasando por encima del resto del mundo.

A partir de este breve resumen histórico, el lector entenderá perfectamente por qué las empresas norteamericanas son empresas líderes, y por qué precisamente pueden tener costes más bajos, calidad superior, y pagar salarios más altos, lo cual lleva a su Economía a ser la número 1 del mundo. La reflexión es la siguiente: ¿se puede competir con ellas sin aprender previamente lo que saben? ¿Podemos tratar de "innovar en procesos" y llegar a inventarnos el equivalente a miles de millones de dólares invertidos en Investigación Militar? La respuesta es muy simple: es imposible; aprendamos primero, innovemos después...

Por otro lado y sin embargo, el lector coincidirá conmigo en que en la actualidad parece que las empresas norteamericanas en líneas generales ya no son las mejores; parece que hay empresas originarias de otros países que llevan años haciendo sombra, y que están pasando por encima de las norteamericanas. Efectivamente, estas empresas trabajan de forma diferente. En el mundo empresarial está ocurriendo algo que no es fácil de percibir, y que ponemos de manifiesto en el próximo capítulo: lo que llamamos "La Revolución Industrial oculta"…

Antes de continuar, y tras el análisis histórico realizado hasta el momento, me gustaría llevar al lector a una reflexión importante, vinculada a la Economía de cualquier país: bajar los salarios sólo produce un empobrecimiento de la sociedad, pues cae la capacidad de consumo de la clase trabajadora –que es la que sustenta cualquier economía–, y lleva directamente al cierre y quiebra de las empresas…

4.3.3 - El desarrollo económico y militar de Europa: el Plan Marshall

¿Cómo se desarrolló masivamente en Europa el nuevo modelo productivo basado en la Dirección de Operaciones? Fue por supuesto de nuevo a través del sector automóvil, en el que había ya habido acercamientos a partir del desarrollo local de las industrias europeas, pero que tuvo sobre todo su gran desarrollo a partir de la Segunda Guerra Mundial.

En 1945 Europa, campo de batalla de ambas Guerras Mundiales, estaba completamente destrozada. La Unión Soviética mantenía su poder hegemónico sobre los países de Europa del Este a los que tenía sometidos, lo que llevaba a los Aliados a intuir un potencial avance militar sobre Europa. Precisamente con el objetivo de evitar una tercera guerra mundial, Alemania fue dividida en 4 partes cuyo control fue cedido a los países participantes: Estados Unidos, Reino Unido, Francia y la propia Unión Soviética, ocurriendo lo mismo con la capital Berlín, donde se palpaba claramente la actitud hostil entre Este –con sistema comunista– y Oeste –con sistema capitalista–. Las 3 partes entregadas a los Aliados –Estados Unidos, Reino Unido y Francia– se unieron y dieron como resultado la llamada República

Federal Alemana –R.F.A.–, con capital en Bonn, quedando la parte soviética en solitario y formando la República Democrática Alemana –R.D.A.–, manteniendo la capital en la correspondiente parte soviética de Berlín, creando la propia R.D.A al cabo de unos años el denominado Muro de Berlín para gran vergüenza de la Humanidad, y que aislaba las 3 partes aliadas dentro de la Alemania Oriental.

George Marshall, que había sido Jefe del Estado Mayor del Ejército de los Estados Unidos durante la Segunda Guerra Mundial, fue nombrado secretario de Estado en 1947, momento en el que hizo una propuesta mediante la que se pretendía al mismo tiempo la recuperación económica y la defensa militar de Europa Occidental, con el objetivo principal de preservar la paz: el denominado "Plan Marshall", paralelo al desarrollo de bases militares norteamericanas. Dicho plan consistía en la inyección de capital norteamericano en los diferentes países aliados, de forma que sirviera de reconstrucción y generara empleo y consumo en Europa, al mismo tiempo que se construían bases militares; por supuesto, el acuerdo llevaba implícita la participación de empresas y la importación de productos norteamericanos. Sin embargo, aunque esto incentivó el consumo temporal –es equivalente a la Política Fiscal con inversión en Obra Pública, que ya hemos comentado en capítulos anteriores–, el desarrollo económico europeo vino de la misma mano que el desarrollo económico norteamericano de principios de siglo: del desarrollo industrial a partir de la adquisición del conocimiento en Dirección de Operaciones que había puesto en marcha casi medio siglo antes Henry Ford.

Estados Unidos no había sufrido daños en su territorio en ninguna de las Guerras Mundiales –a excepción del ataque japonés a Pearl Harbor, Hawaii 1941–, por lo que el desarrollo de la Economía capitalista seguía su curso aceleradamente en el país, desarrollando los conceptos de la Dirección de Operaciones, base de conocimiento del modelo productivo de Ford –y por aquel entonces ya de todos los sectores de la Economía norteamericana–, y generando empleo y consumo masivo interno. Debido a su floreciente desarrollo, los acuerdos del Plan Marshall permitieron que las empresas americanas —algunas ya con plantas en Europa como fue el caso de Ford, y de G.M. tras la compra de Opel— se lanzaran a posicionarse y desarrollarse sobre todo en aquellos 3 países, de los 17 integrantes del Plan, que dispusieron de más del 55% del capital invertido: Reino Unido, Francia y la R.F.A. respectivamente, y que estaban precisamente bajo la atenta mirada de la Unión Soviética.

Tras la abundante inyección de capital, el Plan Marshall consiguió sus objetivos:

- Consiguió reconstruir Europa en el medio plazo, generando empleo y florecimiento de la Economía de los países Aliados y de su entorno más próximo en la Europa Central no comunista, potenciando fuertemente el desarrollo de las empresas multinacionales —que hasta entonces había sido mínimo—, primer paso de la Globalización mundial posterior.

- Permitió una alianza militar más fuerte entre Estados Unidos y sus Aliados en Europa, paralelamente a la construcción de bases militares norteamericanas, lo que condicionó a la Unión Soviética a evitar un potencial ataque militar sobre Europa, preservando por tanto la paz.

Tras el breve análisis histórico, me gustaría hacer reflexionar de nuevo al lector con respecto al tema que estamos tratando en este libro: ¿qué es lo que implicó realmente el Plan Marshall —que todavía a fecha de hoy la mayor parte de países no ha percibido— y que permitió realmente que floreciera Europa? La transmisión del conocimiento —del "know-how" norteamericano— sobre todo a los 3 países europeos de mayor participación activa en la guerra y aliados militares de Estados Unidos; los conceptos intangibles de la Dirección de Operaciones se comenzaban a desarrollar rápidamente en Europa casi medio siglo después: el desarrollo industrial europeo venía de nuevo de la mano de empresas que adquirieron el conocimiento que había comenzado a desarrollar Ford Motor Company.

4.3.4 - El "milagro" japonés

Tras la Segunda Guerra Mundial, y sobre todo tras el lanzamiento de las bombas atómicas sobre Hiroshima y Nagasaki en 1945, Japón se encontraba completamente destrozado. Los aliados ocuparon las islas para ejercer control militar hasta 1952 pero, a diferencia con Europa, no pusieron en marcha ningún plan de recuperación económica: los japoneses tuvieron que hacerlo solos. La ocupación norteamericana se ocupó sólo de desmilitarizar y colaborar en la democratización de la sociedad nipona. No asumió ni el costo de la reparación de los daños, ni la elaboración de una política estratégica para la reconstrucción del país.

Durante algunos años después de la derrota, la economía japonesa estuvo por tanto casi totalmente paralizada con una severa escasez de alimentos. El consumo interno descendió, y el comercio exterior se hallaba restringido por las Fuerzas de Ocupación Aliadas. Fue el pueblo japonés el que emprendió la tarea de reconstruir su propia economía, completamente devastada por la guerra. El "milagro" de recuperación japonés años después, se basó en 3 premisas fundamentales:

1. Potenciar el desarrollo industrial, escuchando y trabajando codo con codo con las empresas japonesas, y teniendo la Productividad como pilar fundamental.

2. Lidiar con las restricciones físicas, demográficas –limitación de espacio y elevada población– y económicas del país, lo que les llevó a desarrollar una gran creatividad para limitar todas aquellas actividades e inversiones que no fueran estrictamente necesarias.

3. Basar el desarrollo en el "Giri" –honor, obligación, deber–, fundamento de su cultura: el apoyo mutuo, el espíritu de colaboración y sacrificio, la preocupación por los demás antes que por uno mismo; en definitiva, la búsqueda del consenso – "Nemawashi"–, del trabajo en equipo y de la felicidad de las personas.

Para conseguir Productividad, las principales empresas japonesas sabían –y así reconocían con humildad– que el experto mundial en Productividad no era ni más ni menos que el propio Henry Ford. Debido a la lejanía que separaba Japón de Estados Unidos, en una época además en la que no existían redes de comunicaciones desarrolladas ni facilidad para viajar internacionalmente, los ejecutivos y empresarios japoneses compraron y releyeron hasta la saciedad, una y otra vez, un libro de Henry Ford que tenían como "Biblia": "*Today & Tomorrow*", escrito en 1926. En el libro, Ford resumía el detalle del momento y la visión futura prevista de desarrollo del conocimiento en Dirección de Operaciones, así como su política de incremento de salarios para potenciar el consumo y la riqueza de cualquier país. La lectura y seguimiento de este libro, con humildad y reconocimiento por parte de los japoneses hacia Ford, llevó a Japón a desarrollar riqueza rápidamente de la misma forma que Estados Unidos había hecho medio siglo antes...

Sin embargo, aunque Ford explicó en su libro su visión de cómo deberían gestionarse de forma óptima las Operaciones, no llegó a poner en práctica algunos de los conceptos importantes, pues al bajar tan drásticamente el coste de sus vehículos e incrementar los salarios, la demanda fue repentinamente tan abismal que no lo necesitó. Esto fue precisamente lo que hizo que los japoneses, tras algunos viajes a Estados Unidos para comparar el modelo de Ford con lo escrito en su libro, se dieran cuenta de que el libro de Ford iba mucho más allá, y que seguirlo reportaría grandes beneficios a la economía nipona.

Este descubrimiento, junto a un cambio de enfoque forzado por las restricciones físicas, demográficas y económicas del país y que explicaremos más adelante, hizo que la principal empresa japonesa de automóvil, cuyos fundadores ya habían estado haciendo visitas a Estados Unidos a principios de siglo para saber más del sistema de producción de Ford, comenzara a aplicar con disciplina japonesa todos los conceptos expuestos en "Today & Tomorrow", y basándose en que no se pueden conseguir resultados a costa de las personas, de otras empresas o de la sociedad en su conjunto –implícito en el "Giri"–, empezó a liderar el mercado japonés y a dar forma a una nueva Revolución Industrial, objeto del próximo capítulo: el modelo de Gestión empresarial de Toyota Motor Corporation.

4.3.5 - El desarrollo empresarial español del Siglo XX

Volvamos atrás en la historia y centrémonos de nuevo en el caso de España. ¿Qué estaba ocurriendo en nuestro país mientras se desarrollaba industrialmente y económicamente Estados Unidos, y el Ejército norteamericano pasaba a tener la hegemonía mundial? ¿Qué ocurría mientras Ford Motor Company y otras empresas norteamericanas líderes se situaban estratégicamente en Centro y Norte de Europa, y se transmitía el conocimiento en Dirección de Operaciones desarrollado años atrás? ¿Qué se desarrollaba en la península mientras comenzaban a formarse las empresas multinacionales entre estos países, y que mantuvieron una transmisión continua de conocimiento? ¿Qué pasaba en España mientras daba lugar el "milagro" japonés basado en la Productividad y la cultura japonesa? La respuesta es muy clara y obvia para cualquier experto en historia de España: absolutamente nada.

El mismo año de comienzo de la Segunda Guerra Mundial fue el año en el que acabó la Guerra Civil Española, oficialmente unos meses antes. La Guerra Civil había tenido dos frentes, el llamado "Bando Republicano", gobierno oficial español de La Segunda República y que había sido apoyado por las llamadas "Brigadas Internacionales" –combatientes provenientes de más de 50 países, pero formadas en su mayor parte por franceses, alemanes y austríacos exiliados, ingleses y norteamericanos (es decir, apoyados por los países que luego formaron el Bando Aliado, vencedor de la Segunda Guerra Mundial)–, y el llamado "Bando Nacional", encabezado por el general golpista Francisco Franco y que fue apoyado por las tropas de la Alemania Nazi de Hitler y de la Italia Fascista de Mussolini.

Debido a que Franco había ganado la Guerra Civil española gracias, entre otros, al apoyo de Hitler y Mussolini, en el momento en que comenzó la Guerra Mundial éstos le pidieron la devolución del favor, puesto que además compartían visiones políticas cercanas en ideología. Puesto que España estaba completamente destrozada debido a la Guerra Civil, Franco pidió no participar en la Guerra Mundial y ser teóricamente neutral. Sin embargo, y en pago de la ayuda recibida, envío tropas a Hitler: lo que se llamó en su momento "La División Azul" –unos 18,000 voluntarios, 50% de ellos militares de carrera, para luchar en el frente de Rusia, teóricamente contra el comunismo–.

Al finalizar la Guerra Mundial, y debido a que Franco decidió mantener el poder bajo su persona en una dictadura que duró casi 40 años –hasta 1975, año de su muerte–, los Aliados nunca se lo perdonaron. Como consecuencia de su apoyo a Hitler, y sobre todo por mantener un régimen dictatorial de orientación fascista, los Aliados consiguieron que una resolución de la ONU de 1946 produjera un aislamiento de España por parte del resto del países, lo que supuso que España se convirtiera en una "autarquía" –modelo económico por el cual un país se nutre de todo lo que produce internamente, sin acceso a exportaciones ni importaciones–, lo que provocó mucha hambre y una postguerra muy dura, y décadas más tarde planes de desarrollo de los diferentes sectores –agricultura, turismo, construcción e industria–, desde un punto de vista económico-técnico puramente interno en el país, es decir, sin contar con apoyo alguno exterior.

Tal y como el lector podrá intuir, y debido a nuestra propia evolución histórica de aislamiento durante el siglo XX, ¿qué fue principalmente lo que no le ocurrió a España, y sí a los países de Norte y Centro de Europa, tanto en empresas como en universidades? La clave de nuestra crisis es muy simple; no estuvimos expuestos al conocimiento originalmente desarrollado por Henry Ford y soportado por miles de millones de dólares de Investigación Militar Norteamericana: la Dirección de las Operaciones.

Pero ¿por qué España no es capaz de percibir que existe este conocimiento y su vital importancia para la Productividad –y por tanto Competitividad– de las empresas? La respuesta es muy sencilla, y a la vez reconozco que difícil de creer si no nos lo muestran: porque la Dirección de Operaciones es un conocimiento complejo, multidisciplinar e intangible –difícil de percibir–, y se confunde con otro conocimiento paralelo, también complejo y multidisciplinar pero en este caso tangible, que se necesita dominar en el mismo área de la empresa, y que es prioritario cuando la empresa empieza de cero o es muy pequeña –como ocurre en el caso de la mayor parte de empresas españolas (más del 95% son PYME, pequeña y mediana empresa)–; se trata del conocimiento técnico-físico del entorno del producto: las Ingenierías.

¿Cómo ha afectado nuestra historia al desarrollo del conocimiento en Gestión de Empresas, tanto en empresas como universidades? Muy fácil: hemos potenciado dos tipos de conocimiento:

- El conocimiento técnico tangible para la fabricación física del producto: a través de las Escuelas de Ingeniería –mecánica, electrónica, eléctrica, química, etc.–.

- El conocimiento económico y de gestión, en todas aquellas áreas de la empresa que no tienen que ver con la fabricación física del producto –pues es considerada área exclusiva de las Escuelas de Ingeniería–: a través de las Facultades de Ciencias Económicas y Empresariales –y más recientemente, de Administración y Dirección de Empresas o A.D.E.–, así como en las Escuelas de Negocio, donde se imparten los M.B.A. –Master in Business Administration, también llamados Máster en Dirección de Empresas–.

¿Qué ha provocado esto? Como teóricamente teníamos todas las áreas de la conocimiento empresarial cubiertas, no nos hemos preocupado siquiera de averiguar si había "algo" que se nos estaba escapando; nuestras Escuelas de Ingeniería están consideradas de las mejores del mundo, nuestras Facultades de Economía/A.D.E. son reconocidas por las empresas, y nuestras principales Escuelas de Negocios están entre las mejores de Europa, y todo esto es verdad... pero sólo en los conocimientos que hemos desarrollado:

- Somos muy buenos en Estrategia, Marketing o Finanzas, y formamos excelentes ejecutivos especialistas en estos temas.

- Dominamos la Electrónica, la Mecánica, la Electricidad o la Química como nadie –nuestros ingenieros tienen un rendimiento excepcional y reconocido dentro y fuera del país–.

- Sin embargo, y tristemente, no sabemos nada de Operaciones, básicamente por dos razones que el lector claramente puede percibir con lo ya leído:

  o Los ingenieros desarrollan un conocimiento en el que son terriblemente competentes: el conjunto de conocimientos técnicos relacionados con el producto, completamente tangible. Al estar focalizados hacia lo físico, no perciben que un conocimiento intangible sea tan importante.

o Los economistas y M.B.A. no entran prácticamente en el área del producto, pues al ser considerada como puramente técnica y tangible por parte de los Ingenieros, se han restringido y ceñido a estudiar el resto de áreas.

Nuestro problema estructural, tal y como mostramos en el libro, es la percepción errónea –de la cual no somos culpables– de que la Gestión de Empresas tiene poco o nada que ver con el área de Operaciones, por lo que pasa desapercibida ante nuestros ojos...

4.3.6 - Apunte histórico sobre los llamados "países periféricos" de Europa

Aunque, como hemos visto, a España no le llegó la ayuda norteamericana del Plan Marshall, hubo una serie de países a los que les llegó mínimamente, por no tener prácticamente necesidad de reconstrucción. Estos países no estuvieron físicamente involucrados en el conflicto bélico por encontrarse en la "periferia" de Europa, por lo que hubo pocas inversiones en nuevas plantas de fabricación –y por tanto no estuvieron expuestos a la Dirección de Operaciones, ni se crearon en ellos multinacionales que mantuvieran de continuo la transmisión de conocimiento–, por lo que su desarrollo durante el siglo XX fue similar al español. Estos países son precisamente los que, junto con España, han sido denominados recientemente por nuestros vecinos europeos como P.I.G.S. –"cerdos" en inglés–, siglas que equivalen respectivamente a Portugal, Irlanda, Grecia y Spain.

Si nos fijamos bien, son precisamente estos 4 países los más castigados por la crisis económica en Europa. La razón, tras llegar a esta altura del libro, se percibe con toda claridad: la crisis de los países "periféricos", al igual que la de España, es una crisis estructuralmente Industrial. La solución para todos ellos es la misma, la que exponemos en este libro y que, por extensión, es la única solución para la salvación de la Unión Europea:

- Desarrollar el conocimiento en Dirección de Operaciones para la generación de Productividad en las Industrias de estos países periféricos, de forma que se produzca un equilibrio en Competitividad con los países centroeuropeos, se genere mayor riqueza y un mayor consumo en toda Europa –recordemos que el grueso del consumo está en la clase trabajadora–, y por tanto vuelvan a ser válidas las políticas macroeconómicas para el conjunto de países de la Unión, se reduzca el déficit y la deuda en todos ellos, y de esta manera unos –los periféricos– no arrastren financieramente a otros –los centroeuropeos–, cuyos bancos les prestan el dinero para financiar su deuda como país.

4.3.7 - El particular caso de Italia

Italia es un caso muy particular en el conjunto de la Unión Europea. Está considerado a priori como un país periférico, pero su geografía tan alargada introduce su parte norte justo en el centro de Europa.

A través del Plan Marshall sí se invirtió en la reconstrucción italiana –en una cantidad de capital similar a Alemania–, sólo que se hizo sobre todo en la parte norte, la colindante con los países centroeuropeos y más arrasada por la Guerra, y donde se pusieron en marcha plantas de fabricación de automóviles que adquirieron –quizá no tan directamente y con tanta fiabilidad por ser empresas autóctonas– el conocimiento de Ford. Las zonas intermedia y sur, mucho menos necesitadas, recibieron mucha menos inversión, y el carácter mediterráneo de su gente –menos disciplinada– les proporcionó un desarrollo empresarial similar al español: si nos fijamos bien, el centro y sur de Italia prácticamente no tienen Industria...

Esto implica que Italia es un país "intermedio" en cuanto a desarrollo industrial en Europa, por lo que se encuentra en una posición económica inestable, menos crítica que la de los puramente periféricos, y que tendrá que decantarse tarde o temprano hacia un lado u otro en función de la Competitividad de su entorno industrial.

4.4 - La situación mundial actual: la insostenible posición de los P.I.G.S.

Tras este análisis histórico de la evolución industrial en el siglo XX de los principales países desarrollados –precisamente desarrollados debido a lo explicado–, es hora de hacer un análisis de la situación económica mundial actual, comparando a todos los países. Recordemos además que, debido al potente desarrollo de internet a partir de los años 90, la competencia ya nunca más es local sino global, es decir, las empresas de unos países compiten con las empresas de otros, dentro de los mismos sectores por los mismos clientes, lo cual otorga al entorno una gran complejidad...

Compararemos 2 grupos de países con los llamados P.I.G.S. –Portugal, Irlanda, Grecia y Spain–, grupo en el que nos encontramos, y en el que todos los países que lo integran tienen las mismas características en cuanto a competitividad de su tejido empresarial.

4.4.1 - El grupo de países de mayor peso en las decisiones mundiales: el G7

A raíz de la crisis del petróleo en 1973, un grupo de 6 países creó un foro de discusión y toma de decisiones para tratar los temas políticos y económicos mundiales, al que se añadió en 1976 Canadá, dando lugar a lo que se dio en llamar G7: grupo de los 7 países con peso político, económico y militar más fuerte en el mundo en ese momento, también denominado "países industrializados". En 2002 se añadió a Rusia como miembro de pleno derecho, debido sobre todo a su potencia militar –que no debido a su economía–, denominándose finalmente G8.

Desde 1999, se ha creado un foro más amplio de países para tratar los temas económico-financieros mundiales llamado G20.

En él se incluyen los miembros del G8, 11 países adicionales de economías emergentes, y la Unión Europea como representación global de Europa. A raíz de la crisis financiera internacional de 2008, el G20 ha desplazado al G8 como foro de reunión y toma de decisiones, aunque el G8 sigue teniendo un peso específico muy elevado dentro del propio G20, como podemos intuir fácilmente.

¿Quiénes son los países que comenzaron a formar el elitista club G7 –con la adición de Rusia, debido a su potencia militar pero no económica, transformado en el G8– y que siguen reuniéndose periódicamente? Son precisamente los que, durante la evolución histórica industrial del siglo XX que acabamos de relatar, desarrollaron y siguen por supuesto potenciando el conocimiento en Dirección de Operaciones como base fundamental de generación de riqueza, a través de su industria. Son los llamados precisamente por ello "países industrializados" y que además, debido a la generación tan importante de ingresos de sus respectivas administraciones –basada en los impuestos facturados a empresas y sus empleados–, se han permitido el lujo de dedicar una amplia parte de su presupuesto a Defensa, con las excepciones históricas de Alemania y Japón debido a las restricciones impuestas tras la Segunda Guerra Mundial. Estos países son: Estados Unidos –origen y desarrollo de la Dirección de Operaciones–, Canadá –donde las empresas estadounidenses colocan plantas de fabricación y transmiten el conocimiento–, Reino Unido, Francia, Alemania e Italia –desarrollo de la Dirección de Operaciones a través del Plan Marshall– y Japón –líder de la actual y nueva Revolución Industrial, y del que hablamos en más detalle en el próximo capítulo–. El lector podrá observar por tanto, y desde un punto de vista completamente empírico, que son precisamente los países más potentes del mundo los que basan el desarrollo de su riqueza en la industria, desarrollada a partir del conocimiento en Dirección de Operaciones...

¿Qué caracteriza a las empresas originarias de este grupo de países en comparación con las nuestras? Tienen 3 características básicas –tal como definió en su momento Henry Ford–:

- Calidad superior.
- Mayor productividad –menor coste unitario de producto–.
- Salarios mucho más altos –del orden de más del doble–.

4.4.2 - Las economías "emergentes"

En los últimos años, debido al desarrollo vertiginoso de la Globalización –sobre todo debido a internet tal y como ya hemos comentado, y por tanto a las mejores comunicaciones entre empresas a nivel internacional para un mejor control de la producción externa y la logística mundial–, y debido también a que muchas regiones están comenzando a ser mucho más "seguras" que décadas atrás, una serie de países está desarrollando su riqueza muy rápidamente. Son las llamadas "economías emergentes", y se trata fundamentalmente de países con mano de obra de coste muy bajo –principal ventaja competitiva– y donde las empresas de los "países industrializados" se encuentran localizando plantas de fabricación, es decir, creando empleo y por tanto generando riqueza. Sin embargo, en este caso el objetivo de las empresas originarias del G7 no es transmitir el conocimiento en Dirección de Operaciones, sino simplemente utilizar la mano de obra de menor coste del país para vender los productos fabricados de vuelta en los países ricos a corto plazo, y también en dicho país si se produce un desarrollo adecuado de la economía a través del incremento de los salarios –esto último, como podemos intuir, previsto a medio/largo plazo y por lo tanto a priori no viable–. Si nos fijamos bien, de nuevo se trata del modelo de crecimiento económico mundial promovido por Henry Ford.

Estos países, al igual los países industrializados, compiten con todos los demás por los mismos clientes mundiales, por las mismas ventas, pero sus empresas locales tampoco conocen la Dirección de Operaciones, al igual que ocurre con las empresas españolas. Sin embargo, las plantas de fabricación multinacionales que se instalan en estos países saben perfectamente que el conocimiento que poseen es clave para la mejora competitiva –es el conocimiento que consigue Productividad– y, puesto que son entidades privadas, es considerado parte del "saber hacer" de la empresa, no siendo percibido en el exterior por ser un conocimiento intangible...

Estamos hablando de las tradicionales regiones pobres: Europa del Este, Asia, Sud América, Norte de África... Y por tanto países como China, India, Brasil, Colombia, Polonia, Rusia –aun siendo integrante del G8–, Marruecos, etc.

¿Qué caracteriza a las empresas de este grupo de países frente a los P.I.G.S.?:

- Calidad similar.
- Salarios mucho más bajos –del orden de 10 veces menores–.
- Menor coste unitario de producto –debido a estos salarios tan bajos–.

4.4.3 - Portugal, Irlanda, Grecia y España: riesgo elevado de quiebra

En comparación con estos dos grupos de países –los países industrializados o G7, y las economías emergentes–, ¿qué nos pasa a los P.I.G.S.? ¿Qué está ocurriendo realmente en Grecia, Irlanda, Portugal y España?

Tras haber avanzado ya gran parte de este libro, el lector podrá entender muy claramente lo que relato a continuación:

- Durante la época previa al desarrollo a gran escala de la Globalización –antes de los años 90–, los P.I.G.S. –los "países periféricos" de Europa– eran precisamente los países en los que las empresas del G7 invertían en plantas de fabricación, por la ventaja de tener mano de obra de coste inferior. Esto desarrolló sectores propios a partir del empleo generado, sectores que no desarrollaron el conocimiento en Dirección de Operaciones pero que, en un entorno todavía muy local, no lo necesitaban. En esa época, las empresas del G7 no invertían en las actuales "economías emergentes" porque no existía un desarrollo adecuado de las comunicaciones internacionales – internet estaba "en pañales"–, y la inestabilidad política y la inseguridad ciudadana en estos países eran palpables.

- A raíz del desarrollo de internet, y de la caída del muro de Berlín y la política aperturista asiática encabezada por China, aparece compitiendo en el entorno mundial un grupo de países mucho más pobre, donde el coste de mano de obra es tremendamente bajo. La historia se vuelve de nuevo a repetir: las empresas originarias del G7 comienzan a invertir en plantas de fabricación en estos países pobres –generando por tanto P.I.B.: riqueza y empleo–, convirtiéndolos precisamente en las "economías emergentes" que son actualmente. Paralelamente, al igual que en el caso de los P.I.G.S. antes de los años 90, se desarrollan sectores propios, que tampoco necesitan desarrollar la Dirección de Operaciones –porque compiten por coste de mano de obra–, pero con una diferencia muy importante: en este momento de Globalización sí compiten con los sectores propios del resto del mundo –sobre todo de los P.I.G.S., que están en la misma situación de falta del conocimiento clave para generar Productividad–, comenzando una destrucción progresiva de los sectores industriales autóctonos de estos últimos...

Tal y como comentado, en la figura siguiente mostramos la situación actual de competencia entre las empresas de los diferentes países:

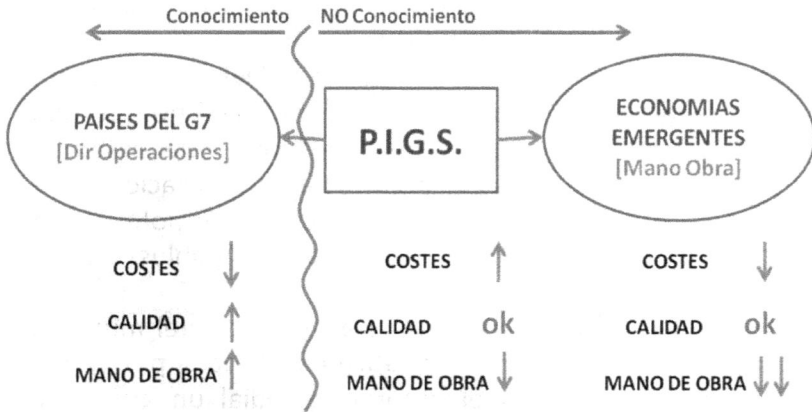

Tal y como hemos comentado, tanto las empresas de los países del G7 –debido al conocimiento desarrollado en Dirección de Operaciones durante todo el siglo XX– como las empresas de las economías emergentes –debido a la diferencia abismal en coste de mano de obra– tienen costes inferiores al coste de producto de las empresas de los P.I.G.S., para parámetros similares en calidad. Esto implica algo muy peligroso:

¡LOS P.I.G.S. TIENEN LAS EMPRESAS MÁS CARAS DEL MUNDO!

¿Qué ha implicado por tanto esta situación en los últimos años?

• Mientras se desarrollaba la Globalización a gran escala en los años 90 y las empresas de las "economías emergentes" iban adquiriendo más protagonismo frente a las de los P.I.G.S., –cosa que no ha pasado frente a la mayor parte de las empresas originarias del G7, por las condiciones descritas–, y se fraguaba la crisis financiera internacional debido a la focalización en la construcción y en la concesión de hipotecas de forma desmesurada, así como al incremento en la deuda en todos los países causada por el incremento en Gasto Público –funcionarios, obra pública y desarrollo militar, dependiendo del país–, nos íbamos manteniendo "a trancas y barrancas"...

- En el momento llega la Crisis Financiera internacional en 2008 y cae el consumo mundial tal y como explicamos en su momento, las empresas –que ya compiten todas en un entorno completamente global– comienzan a reducir drásticamente precios para intentar incrementar ventas y, ¿adónde nos lleva esto? Puesto que sólo se puede bajar precios sin entrar en pérdidas hasta llegar a los costes, y no hay suficiente demanda para todos, la conclusión es muy simple: los P.I.G.S no pueden competir y, por tanto... ¡sus empresas quiebran!

Esto, como ya sabemos, nos lleva a la destrucción de empleo en cadena que hemos explicado anteriormente, a la caída drástica de los ingresos del Estado y al incremento rápido de déficit y endeudamiento, no recuperable si las empresas de los P.I.G.S. –incluyendo por supuesto a España– no consiguen reducir costes de producto.

Ahora bien, ¿hacia qué lado queremos ir? Quedándonos en la posición intermedia ¡no conseguiremos generar empleo! Sólo conseguiremos endeudarnos cada vez más y, finalmente, ser intervenidos por la Unión Europea, o incluso llegar a la quiebra como país y quién sabe si abandonados a nuestra suerte...

La mala noticia es que, puesto que en los P.I.G.S. no se conoce o considera la Dirección de Operaciones como importante para la competitividad empresarial, la única solución que se ofrece desde los diferentes estamentos económicos y políticos es ¡bajar los salarios! Lo cual implica AUTODESTRUCCIÓN TOTAL, puesto que la bajada de salarios provoca caída drástica del consumo en el país, aceleración del cierre de empresas y por tanto más desempleo, y caída en barrena de los ingresos del Estado, incrementando más si cabe el Déficit Público y el Endeudamiento, y llevándonos directamente a la quiebra y a la pobreza extrema, pues estamos haciendo lo contrario que en su día puso en marcha y predicaba Henry Ford: para que un país crezca económicamente, hay que subir los salarios...

La solución de la crisis económica española es la misma que la de los P.I.G.S.: la Dirección de Operaciones ha de desarrollarse como conocimiento clave en los sectores industriales, y por supuesto en las Universidades y Escuelas de Negocio...

4.5 - La solución para la creación de empleo: la Dirección de Operaciones

Tal y como hemos mostrado, como país hemos de tomar una decisión: o bien vamos hacia el modelo productivo de los países pobres –"economías emergentes", en el que la mano de obra no tiene capacidad de consumir y hay hambre y pobreza–, o bien hacia el de los países ricos –"países industrializados" o G7, donde la mano de obra está mucho mejor pagada que en España, lo que permite un consumo interno mucho más elevado, y que las personas y las familias tengan una vida mucho más feliz–. Como españoles, ¿qué modelo de país elegís? Como se aprecia, la solución es bien simple:

- Si queremos tener empresas industriales competitivas que impulsen la creación de empleo y por tanto la economía del país, averigüemos simplemente qué hacen las mejores empresas para conseguirlo; estas empresas son las originarias del G7, que desarrollaron el modelo de conocimiento en gestión de empresas impulsado por Henry Ford: la Dirección de Operaciones.

4.5.1 - En qué consiste la Dirección de Operaciones

Vamos ahora a ir más allá. Profundizar en la Dirección de Operaciones implica entrar en un área técnica. Simplemente describiré por encima en qué consiste este conocimiento para entendimiento básico y percepción de su complejidad por parte del lector. Lo mostraré como un médico mostraría en qué consiste la medicina a un grupo de chavales en el instituto, tanto si fueran a acceder a la Universidad y pudieran estudiarlo como si ya hubieran decidido abandonar la escuela al finalizar su periodo actual. Todo siempre desde un punto de vista integral pero muy clarificador para cualquier persona.

- La Dirección de Operaciones es el conocimiento, dentro de la Gestión de Empresas, que se dedica a la gestión integrada de los procesos del área de la empresa vinculada a la generación del producto o servicio. Tiene dos objetivos fundamentales:

  o Asegurar que, para una variedad de productos/servicios determinada, se consiguen los niveles de calidad y nivel de servicio acordados con el cliente –calidad, flexibilidad y plazo de entrega–. Si no somos capaces de cumplir con el cliente, perderemos ventas y por tanto empleo.

  o Reducir los costes de producto/servicio sin tocar los salarios, es decir: ¡Generar Productividad! Claro y sencillo, ¿verdad?

Al contrario de lo que muchos puedan pensar a priori, la Dirección de Operaciones es una ciencia empresarial –no es Ingeniería, sino Gestión–, y además una ciencia compleja por ser multidisciplinar. Recordemos que su desarrollo actual es resultado, sobre todo, de miles de millones de dólares de inversión militar norteamericana, promovida en los últimos más de 50 años por el Departamento de Defensa de los Estados Unidos. Está formada por un conjunto de áreas de conocimiento completamente diferentes entre sí, y que han de conocerse precisamente así, en conjunto y en detalle, para asegurar la correcta toma de decisiones de los directivos y mandos de la empresa, que permita la consecución de los mismos objetivos en el entorno empresarial que en el militar: Eficacia y Eficiencia; por un lado la consecución de los objetivos hacia el cliente –EFICACIA: calidad, plazo y variedad de producto/servicio–, y por otro la consecución de los objetivos financieros –EFICIENCIA: reducir el coste, y por tanto generar la Productividad que proporcione beneficios y capacidad estratégica, tanto desde el punto de vista de la reducción de precios como de la reinversión en la propia empresa–. Entendiendo que no es el objetivo de este libro entrar en los detalles del conocimiento técnico sino poner de relevancia su importancia estratégica para las empresas y la economía de cualquier país, he pretendido simplemente ser purista y estricto a la hora de utilizar el vocabulario correcto al definir cada una de las áreas en detalle: no pretendo que el lector las entienda, sino simplemente que sepa que existen y se pueda documentar adecuadamente.

Este conjunto de áreas se puede resumir a grandes rasgos en las siguientes:

- La llamada en sí misma Dirección de Operaciones –Operations Management–, por ser la base del resto de áreas, y que incluye diversas subáreas relacionadas sobre todo con la Estrategia y la Planificación:

   o Estrategia de Operaciones: relación con la Estrategia de la Dirección General y la Estrategia de Marketing.

      - La Estrategia de Diseño de Productos, para la obtención de Calidad y Productividad.
      - La Estrategia de Diseño de Procesos, vinculada a la de Productos, y acorde a los objetivos de la Estrategia de la Dirección General, así como la Distribución en Planta asociada.

o El Sistema de Planificación y Control de Operaciones: vinculado a la organización de los recursos necesarios para asegurar que el proceso productivo funciona en continuo y sin fallos, al mínimo coste posible.

- El sistema global de Previsiones, fundamental para saber hacia dónde nos dirigimos: la estimación de cuándo y cuánto hemos de producir, en función de la demanda.
- La Planificación Agregada de los recursos de la empresa, desde un punto de vista global. El objetivo principal es la determinación de las necesidades de personal a lo largo del año.
- El Plan Maestro de Producción, que define exactamente el detalle de los diferentes productos/servicios a realizar semana a semana, para la correcta planificación de capacidad, instalaciones y materiales.
- Los sistemas de planificación de materiales para cumplir con el Plan Maestro de Producción definido, a partir de técnicas de Gestión de Stocks y Planificación de Aprovisionamientos.
- La Programación de la Producción diaria: una vez todo ha sido planificado adecuadamente, consiste en organizar la ejecución de los diferentes pedidos para su entrega a clientes en la forma más rápida y sincronizada posible, generalmente mediante la utilización reglas de prioridad y balance de líneas.

• La Ingeniería de Métodos y Tiempos –también llamada Ingeniería de Procesos o Estudio del Trabajo–, que incluye:

o Las técnicas de representación y mejora de los procesos, tanto productivos como de servicio.

o Los diferentes sistemas de medición de tiempos de operación, tanto a nivel máquina como persona, incluyendo muestreo, cronometraje de puestos, las llamadas "técnicas MTM" estandarizadas, etc.

o La integración de los procesos hombre-máquina e incluso con múltiples procesos y máquinas, buscando la sincronización global en la empresa.

o Los sistemas de incentivos empresariales vinculados al trabajo humano.

o Desarrollos actuales como las llamadas "técnicas de mapeado de flujo del valor" o "Value Stream Mapping" para la mejora global de flujos de información o materiales en la empresa.

o Técnicas de resolución y eliminación continua de problemas en la empresa, aplicando metodologías como las llamadas "8 disciplinas" o los "5 por qués" a través de los llamados "informes A3".

o Aplicación de las llamadas técnicas BPR y BPM –Business Process Engineering and Management–, para la mejora en la gestión de los procesos de oficinas y servicios.

• Los sistemas de Gestión, Control y Mejora de la Calidad de productos y servicios, que incluyen:

o La representación de los procesos de trabajo y el aseguramiento de que se cumple con ellos en la empresa.

o Los procesos de control de los defectos de calidad, tanto utilizando control estadístico como control 100%.

o Los sistemas de mejora de la calidad, a través de métodos de análisis de los defectos producidos, y sobre todo a través de la aplicación de las llamadas "Técnicas 6 Sigma" para la reducción de la variabilidad en los procesos, basadas en estadística avanzada y compleja.

• La Logística Avanzada, basada en los actuales conceptos de "Supply Chain Management" o también llamados de "Gestión de la Cadena de Suministro", desarrollados en las últimas dos décadas a partir de investigación militar norteamericana:

o Los procesos de Gestión de Compras e integración estratégica con proveedores, clave para el éxito de cualquier empresa.

o La estrategia de Planificación Logística para llegar a cualquier mercado con la mayor rapidez, mejorar el servicio al cliente, y reducir los costes, estructurando los puntos geográficos donde se colocan fábricas, y almacenes con acceso para las diferentes rutas de transporte, diseñando toda la cadena desde la producción –proveedores y productos finales– hasta el mercado de consumo.

o La Ingeniería de Transportes entre los diferentes puntos de la red previamente estructurada, realizando un plan para cada pieza, seleccionando diferentes combinaciones de modos de transporte e integrando los diferentes flujos logísticos para obtener sinergias en costes y niveles de servicio. Así mismo la Gestión de dichos Transportes, estructurando los diferentes procesos de gestión entre proveedores de productos y servicios, fabricantes, distribuidores y clientes finales, creando equipos de gestión logística que aseguren el cumplimiento de lo previamente diseñado.

o El Diseño y Gestión de los Almacenes cuyos puntos de ubicación se han decidido previamente en la estructuración de la red logística. Definición de los diferentes flujos de materiales a través de los adecuados medios de manutención, junto con el diseño de los modos de almacenamiento y la integración de la información, así como la creación del equipo que hará funcionar el almacén de la forma más rápida y menos costosa posible.

o La estructuración de la Logística Interna de plantas de fabricación, de forma que se produzca un flujo de producción sincronizado con el aprovisionamiento logístico, y una salida de producto final acorde a las necesidades de clientes y siguientes puntos en la cadena de suministro, así como la gestión correspondiente para el aseguramiento de que no falta material y tampoco sobra, buscando, como siempre, el mínimo coste posible.

o Los procesos de Logística Inversa, una vez los productos han sido enviados al cliente final, con el objetivo de asegurar el servicio técnico postventa y los potenciales problemas del producto defectuoso. Está relacionado con todos los servicios de recogida y reparación de productos, así como los de entrega a los fabricantes para su reproceso. La gestión de repuestos es primordial en este entorno.

o La ingeniería de embalajes, punto común a todos los procesos anteriormente descritos a la hora de manejar los productos. Debe realizarse paralelamente a las decisiones de transporte, almacenaje y producción, buscando la mejor de las combinaciones.

- La Gestión de Proyectos, fundamental a la hora de poner en marcha nuevas iniciativas de cualquier tipo: proyectos de inversión tecnológica, mejora empresarial, construcción de prototipos o productos determinados, puesta en marcha de operaciones en nuevos servicios logísticos, de sistemas informáticos, de innovación, campañas de marketing, etc.

o La adecuada aplicación de la Gestión de Proyectos y sus diferentes herramientas en equipo permite poner en marcha nuevos proyectos mucho más rápidamente y a mucho menos coste, asegurando que se cumple con todos los compromisos, al mínimo coste.

o Por otro lado, los mismos recursos que se dedican al trabajo diario en la empresa también se dedican a los proyectos, lo que incrementa la complejidad de Gestión de Proyectos y de la propia organización, convirtiéndose en un entorno muy complejo.

• La integración de los Sistemas de Información para la gestión conjunta de todo lo anterior: la gestión de la información entre diferentes departamentos, de la empresa con los proveedores, con los distribuidores, con los clientes... es clave para el funcionamiento adecuado de toda la cadena de suministro, y para la producción de productos y servicios rápidamente y a bajo coste.

  o La utilización de los llamados ERPs –Enterprise Resource Planning systems–, sistemas integrados que manejan la información dentro de la empresa, completamente relacionada entre departamentos, y de forma automatizada.

  o La utilización de sistemas relacionados con la gestión de los Almacenes WMS –Warehouse Management Systems–, para el control de stocks, movimientos de materiales, pedidos, entradas y salidas, tanto de almacenes como de fábricas.

  o Los sistemas de gestión de Transporte TMS –Transportation Management Systems–, dedicados al diseño y control de rutas de transporte: recogidas, entregas, kilómetros recorridos, control del stock en tránsito, cambio en los modos de transporte, hojas de ruta, hojas de carga, documentos de transporte, etc.

  o Los sistemas de gestión de procesos de servicio BPM –Business Process Management–, que permiten el control de la ejecución de los procesos de gestión interdepartamental, sobre todo en el área de gestión de pedidos, oficinas, etc., secuenciando las tareas a los diferentes responsables y vinculándolas entre sí para reducción de plazo y coste.

  o Los sistemas de minería de datos BI –Business Intelligence–, que tienen el objetivo de servir de captación de datos y análisis empresarial para la toma de decisiones ejecutiva.

  o Los sistemas para el trabajo en equipo y la Gestión de Proyectos, que integra las posibilidades de trabajo a distancia de equipos de trabajo multidisciplinar.

o Y muchos más, ¡para una mejor precisión y rapidez en la gestión de la información!

Como podemos observar, la Dirección de Operaciones es tremendamente compleja e integra áreas muy diferentes, que requieren ser conocidas por todos los ejecutivos y mandos de la empresa, para la alineación completa del personal con los objetivos de reducción de Costes y mejora de la Calidad, así como los parámetros Plazo y Flexibilidad, demandados radicalmente por el mercado en la actualidad. La generación de Productividad a través de su desarrollo permite que las empresas que lo apliquen sean más competitivas y generen empleo; ahora bien, ¿es esto lo único que hay que hacer para generar riqueza?

4.5.2 - ¿Cómo se genera riqueza en un país?

A lo largo del libro hemos ido razonando, junto con el lector, varios conceptos:

- Que sólo las empresas privadas sostienen la Economía de un país, puesto que son las que generan empleo, y por tanto consumo e incremento de impuestos para el Estado, que de este modo adquiere una mayor capacidad de gasto público con un menor riesgo de entrar en déficit, y así poder hacer frente fácilmente a su endeudamiento, otorgando los mercados financieros una mayor confianza al país a la hora de prestarle más capital.

- Que dentro de las empresas privadas, sólo las Empresas Industriales son las garantes de la Economía, es decir, generan la riqueza que sostiene al resto: las unidades de generación de riqueza se llaman FÁBRICAS.

- El P.I.B. —Producto Interior Bruto— es precisamente LA PRODUCCIÓN de productos y servicios del país, cuyo origen son las FÁBRICAS que se encuentran dentro de sus fronteras.

- El sistema capitalista se basa, tal y como comentamos, en el CONSUMO continuo de productos y servicios, lo cual genera la PRODUCCIÓN que lleva a la generación de EMPLEO, y que por tanto incrementa la RIQUEZA. Si no hay CONSUMO, no hay PRODUCCIÓN, y por tanto no hay RIQUEZA.

  o Podemos dividir, quizá de una forma más clara desde el punto de vista del consumo, a la población en dos tipos:

    - Los RICOS, menos del 10% de la sociedad: los dueños de tierras, propiedades y capital.
    - El RESTO –los POBRES–, más del 90%, los asalariados pertenecientes a las clases medias y, sobre todo, bajas.

  o ¿Cuál de los dos colectivos descritos posee la mayor capacidad de consumo?: con diferencia, los POBRES.
  o ¿Qué es lo único que tienen los POBRES para poder CONSUMIR, y por tanto que exista PRODUCCIÓN, que es lo que genera RIQUEZA? Única y exclusivamente su SALARIO.
  o ¿A qué conclusión nos lleva todo esto? Seguro que el lector le ha podido ir dando forma en su mente de manera sencilla y simple:

  La única forma de incrementar la RIQUEZA
  es subir los SALARIOS

  Si bajamos los SALARIOS, cae el CONSUMO... y si cae el CONSUMO, cae la PRODUCCIÓN y directamente el EMPLEO, llevando directamente a las empresas privadas a la pérdida de ventas y al cierre, y de ahí rápidamente a la quiebra económica del país.

- ¿Cómo se consigue por tanto ser competitivo sin bajar los salarios e incluso subiéndolos? Es decir... ¿cómo se consigue FABRICAR productos de mayor CALIDAD y menor

COSTE, teniendo incluso salarios mucho más altos que los competidores? Tal y como hemos mostrado en este capítulo, a través del desarrollo del conocimiento en DIRECCIÓN DE OPERACIONES, aplicado a todas las empresas pero, sobre todo, al desarrollo de las Empresas Industriales que se encuentran dentro de nuestras fronteras, para así aumentar el P.I.B.

Como el lector podrá observar, acabo de describir el modelo económico de los países ricos –países del G7: Estados Unidos y Canadá, Reino Unido, Francia, Alemania y el Norte de Italia, y Japón–: empresas industriales con productos de alta calidad y bajo coste –alta productividad–, con salarios muy altos y por tanto elevado consumo interno que permite el desarrollo del resto de sectores de la Economía; incremento de los ingresos del país, y por tanto mayor gasto público y mayor capacidad de endeudamiento sin riesgo alguno: sociedades florecientes, ricas, y con personas mucho más felices y un nivel de vida mucho más elevado…

Ahora bien, esto es sólo el principio; hay mucho más que contar…

CAPÍTULO 5

La Revolución Industrial OCULTA
LEAN MANUFACTURING

"Una sociedad libre que no pueda ayudar a sus muchos pobres,
tampoco podrá salvar a sus pocos ricos."

– John F. Kennedy

5.1 - La pérdida de hegemonía de las empresas norteamericanas

Desde mediados de los años 70, las empresas industriales norteamericanas, sobre todo en los sectores de automóvil y alta tecnología, comienzan a notar que sus incrementos de ventas decrecen año a año, y no entienden muy bien por qué. Se dan cuenta de que las empresas japonesas comienzan a hacerles sombra y se extrañan muchísimo, habida cuenta de que Japón había quedado desolado después de la 2ª Guerra Mundial, y de que el desarrollo principal de la Dirección de Operaciones se estaba produciendo en terreno norteamericano. Los automóviles japoneses comienzan a entrar en Estados Unidos, mostrando niveles de calidad superiores y costes más bajos, lo cual comienza a llevar a los 3 grandes fabricantes norteamericanos —G.M., Ford y Chrysler— a una disminución importante de sus ventas. ¿Cómo puede ser que esto esté ocurriendo? —se plantean—. ¿Qué están haciendo los japoneses diferente?

Desde el entorno occidental, tanto europeo como norteamericano, las empresas líderes de los diferentes sectores industriales tratan de averiguar qué hacen las empresas líderes japonesas, y comienzan a visitar sus plantas de fabricación para intentar percibir lo diferente. Sin embargo, no obtienen respuesta alguna: parece que la tecnología utilizada es similar, los procesos de fabricación similares, las plantas son similares... Lo único diferente es la calidad del producto final –muy superior–, y la cantidad de personal que utilizan –muy inferior– para generar mucha más producción, es decir, parecen mucho más productivas; sin embargo, en cuanto al modelo de trabajo, parece ser el mismo que tenía Estados Unidos: la cadena de montaje, la división del trabajo, los métodos y tiempos, el control de calidad...

Tal es la preocupación de los americanos que el propio Ronald Reagan, presidente de Estados Unidos los 4 primeros años de la década de los 80, al observar que las empresas japonesas del sector automóvil –sector líder en el país– están literalmente "arrasando" a las americanas, desarrolla una investigación en profundidad a través de una Comisión de Competitividad liderada por su gobierno. Dicha comisión llega a 2 conclusiones fundamentales en 1984:

- Parece ser que las empresas norteamericanas no le prestan suficiente atención al área de conocimiento "Dirección de Operaciones".
- Las Escuelas de Negocio y Universidades norteamericanas se dedican a desarrollar Estrategia, Marketing, Finanzas o Innovación como conocimientos fundamentales para dirigir empresas, pero no se desarrolla suficientemente a fondo el conocimiento "Dirección de Operaciones"...
  ... que parece ser el área de excelencia y en la que basan toda su estrategia las empresas líderes japonesas.

Es a partir de este momento cuando el propio Reagan da instrucciones de que las empresas y las universidades norteamericanas focalicen su atención en este área de conocimiento, y una Universidad en particular toma el reto y consigue información muy valiosa antes que las demás: el Massachussets Institute of Technology –M.I.T.–, en Cambridge (Massachussets), Universidad donde Alfred Sloan, presidente de General Motors durante más de 30 años, había creado en la primera mitad del siglo XX la primera Escuela de Negocios de Estados Unidos, con el objetivo de formar al Gerente Industrial ideal; esta Escuela fue bautizada varios años después con su propio nombre: la Alfred Sloan School of Business, origen de los prestigiosos programas M.B.A. –Máster en Dirección de Empresas– de alto valor para directivos y empresas.

Tras varios años de investigación desde 1984, se publica en el M.I.T. en 1990 un libro que descubre a la sociedad americana qué está ocurriendo en el mundo. Japón lleva tiempo haciendo las cosas de forma diferente desde el final de la Segunda Guerra Mundial y sus empresas, aplicando de forma estricta los principios de Ford pero modificando filosóficamente el concepto global de la Dirección de Operaciones a través de la filosofía y cultura japonesas, llevan años consiguiendo incrementos de ventas y beneficios espectaculares; cuando las empresas japonesas de automóvil aterrizan a montar fábricas en los años 70 en América, Estados Unidos comienza a sufrirlo. El libro, titulado "La máquina que cambió el mundo" y escrito por los investigadores Jim Womack y Daniel Jones, es resultado de las investigaciones llevadas a cabo a través del Programa de Investigación en Vehículos a Motor del propio M.I.T., que costó 5 millones de dólares, y cuya conclusión principal es que hay una empresa en el mundo cuyos niveles de Calidad y Productividad son los mejores, con amplia diferencia sobre todas las demás: Toyota Motor Corporation. Es en este libro precisamente donde se denomina a la nueva y diferente forma de trabajar de Toyota con nomenclatura anglosajona: LEAN MANUFACTURING… ¡nos encontramos ante una nueva Revolución Industrial!

5.2 - El resurgimiento de Japón tras la Segunda Guerra Mundial

Tal y como comentamos en el capítulo anterior al mostrar la evolución histórica de la Dirección de Operaciones, Japón está haciendo desde el final de la Segunda Guerra Mundial las cosas de forma diferente. No por deseo propio sino debido a la gran pobreza y estado de devastación en el que se encontraba el país, el gobierno japonés tuvo que poner en marcha medidas drásticas para la recuperación económica y así volver a generar riqueza. La pregunta es: ¿cómo lo hicieron?

El padre del fundador de una empresa japonesa muy particular ya había visitado Estados Unidos en 1911, cuando Ford comenzaba a desarrollar su nuevo modelo productivo, y a partir de este momento había comenzado a tratar de aplicarlo. Esta empresa fue la que lideró el cambio en Japón; precisamente la que años después conseguía los mayores niveles de calidad y productividad mundiales, y que acabamos de nombrar, a través de lo que parece a priori una metodología, pero que en realidad es muchísimo más: el Sistema de Producción Toyota.

¿Qué hizo el gobierno japonés cuando se vio en la tesitura de sacar al país adelante? Como primer paso, hablar con las empresas industriales líderes del país, y como segundo paso, preguntarles qué estaban haciendo los de fuera: ¿Qué es lo que hay que hacer para generar riqueza? ¿Qué país y qué empresas son los que saben cómo hacer esto? La respuesta, puesta encima de la mesa por Toyota y por el propio gobierno japonés, era muy clara: Estados Unidos y la Ford Motor Company.

¿Qué es lo que hicieron por tanto las empresas y el gobierno japonés para saber qué estaban haciendo las empresas norteamericanas, sabiendo que tenían pocas opciones de adquirir de primera mano la información? Muy sencillo: compraron el libro que el propio Henry Ford escribió en 1926 –los empresarios, ejecutivos y políticos japoneses lo tenían como "biblia" en sus estanterías–, dónde Ford explicaba en qué consistía su modelo de trabajo y cómo se genera la riqueza en la sociedad, riqueza que se desarrolló antes de la Segunda Guerra Mundial en Estados Unidos a partir de las empresas industriales:

- FABRICANDO LOS PRODUCTOS CON LA MEJOR CALIDAD POSIBLE, para que sean competitivos y deseados por los clientes: el cliente por encima de todo...

- AL MÍNIMO COSTE POSIBLE, buscando la eficiencia empresarial para poder bajar los precios y que así los clientes puedan comprar más productos, haya por tanto más demanda, más fabricación y más empleo para todos: la eficiencia genera empleo...

- PAGANDO LOS SALARIOS MÁS ALTOS POSIBLES, generando una escalada de crecimiento rápido de los salarios y por tanto del consumo interno del país, lo que llevó a incrementos continuos de demanda, más fabricación y más empleo: los salarios altos sostienen el consumo, base del sistema capitalista; los mismos trabajadores son los clientes de las empresas...

Sin embargo, las empresas industriales japonesas consiguieron increíblemente resultados mucho más espectaculares que los que había conseguido Ford. ¿Cómo fue posible esto, si siguieron la metodología escrita en su propio libro? La diferencia fundamental, la filosofía japonesa de trabajo en equipo y de preocupación por el bien común: la clave son las personas...

5.3 - El modelo de Gestión empresarial japonés

En el capítulo anterior, hemos expuesto de forma resumida en qué se basaron los japoneses para sacar al país de la crisis económica en la que estaban inmersos al finalizar la Segunda Guerra Mundial. Vamos a entrar un poco más en detalle; fue en lo siguiente:

1. Potenciar el desarrollo industrial, escuchando y trabajando codo con codo con las empresas japonesas, y teniendo la Productividad como pilar fundamental.

   a) Simplemente se focalizaron en entender cómo lo había hecho el país más poderoso del mundo –Estados Unidos–, a través de la filosofía desarrollada por Henry Ford y expuesta en su libro en 1926: "*Today & Tomorrow*".

2. Lidiar con las restricciones físicas, demográficas –limitación de espacio, elevada población– y económicas del país, lo que les llevó a desarrollar una gran creatividad para limitar todas aquellas actividades e inversiones que no fueran estrictamente necesarias.

   a) Al contrario que los americanos, que ya disponían de un país floreciente en riqueza y se dedicaban sobre todo a invertir en tecnología y automatización de los procesos productivos, para así conseguir mucha más producción de forma más rápida y a menos coste, los japoneses no disponían de capital para la inversión, por lo que tuvieron que agudizar su creatividad para conseguir la Productividad deseada. ¿Cómo lo hicieron? ¿Cómo se puede conseguir Productividad sin Inversión?

   Tras un largo tiempo sufriendo para mantener la empresa a flote, y con niveles de Productividad muy inferiores a los de Ford, Toyota tuvo la visión de poner en marcha la estrategia que se considera hoy en día la base principal de su éxito: la focalización en la reducción o eliminación continua de lo que llamaron "MUDA", todo aquello que supusiera "despilfarro" o "desperdicio" empresarial; comenzaba a coger forma el Sistema de Producción Toyota...

   b) Por otro lado, al contrario que las empresas americanas, las empresas japonesas no se podían focalizar en producir continuamente volúmenes más grandes de producción, debido a la poca capacidad de consumo de los ciudadanos y la pobreza del país. Tuvieron por tanto que modificar su estrategia para centrarse en fabricar sólo lo que los pocos clientes pedían –coste, calidad, plazo de entrega y flexibilidad–: había que limitar la producción a lo que realmente se pudiera vender, filosofía contraria a la que estaba aplicando Ford de producir lo máximo posible.

Esto llevó a restringir los riesgos de no tener producto almacenado sin venta prevista e inventario mínimo, factores que hicieron que Toyota pudiera soportar mejor que ninguna otra empresa la crisis del petróleo de 1973, y que llevó al resto de empresas japonesas a entender que debían seguir su modelo para convertirse en líderes mundiales: el Sistema de Producción Toyota se extendía a todo Japón…

3. Basar el desarrollo en el "Giri" –honor, obligación, deber–, fundamento de su cultura: el apoyo mutuo, el espíritu de colaboración y sacrificio, la preocupación por los demás antes que por uno mismo; en definitiva, la búsqueda del consenso – "Nemawashi"–, del trabajo en equipo y de la felicidad de las personas.

    a) Una empresa es un conjunto de personas que, trabajando en equipo, aportan valor a la sociedad a través de los productos y servicios que suministran, con el objetivo de satisfacer las necesidades de los clientes. Para que una empresa funcione realmente como un equipo, Toyota sabía perfectamente que no se pueden conseguir los objetivos de la empresa a costa de la felicidad de los individuos; para estar motivados y remar en el mismo sentido, la relación debe ser biunívoca: la dirección debe preocuparse de los empleados como si fueran de su familia, al mismo tiempo que los empleados se preocupan de la empresa como si fuera suya propia…

b) Con toda la humildad del mundo, entendiendo que el que más sabe de un puesto de trabajo es la persona que lo lleva a cabo, y dentro del entorno de comunicación y motivación base de la cultura del "GIRI", Toyota potenció la formación, la motivación y el trabajo en equipo de todos sus empleados, convirtiéndolos en los líderes de la mejora de Productividad y Calidad a través de la reducción continua del "desperdicio": Toyota convirtió a sus operarios en sus ingenieros...

Los resultados excelentes sólo se consiguen a través de la integración empresa–trabajadores como si fueran uno solo: sólo el conjunto de los trabajadores puede hacer que la empresa triunfe. Cada trabajador de Toyota es un miembro del equipo de la empresa y su opinión y aportación es considerada tan buena como la de cualquier otro, independientemente del nivel jerárquico: el respeto a las personas es fundamental.

Este conjunto de conocimientos, cultura y condicionantes socio-económicos, tal y como hemos comentado, dio lugar a que la empresa líder del mercado japonés definiera una nueva forma de trabajar, que se extendió a todo Japón sobre todo tras la crisis del petróleo de 1973, y que dio lugar a que las empresas industriales japonesas comenzaran a despuntar en Productividad y Calidad sobre las del resto del mundo, una vez comenzaron a salir de Japón.

Tal y como lo hemos reflejado al inicio del capítulo, esto es lo que descubrieron los doctores Womack y Jones a través del Programa de Investigación de Vehículos a Motor del M.I.T., cuyos resultados publicaron en el libro "La máquina que cambió el mundo" en 1990; nos encontramos ante una nueva y diferente forma de trabajar, una nueva Revolución Industrial definida en ese mismo libro como "Lean Manufacturing", el Sistema de Producción Toyota...

5.3.1 - El Sistema de Producción Toyota: LEAN MANUFACTURING

Entendiendo que este libro no pretende ser en ningún caso un texto técnico para la formación en los conocimientos expuestos, sino que pretende ser un texto de clarificación sobre qué está ocurriendo en la sociedad mundial con respecto a la Economía, resumiremos brevemente en qué consiste el llamado Sistema de Producción Toyota −T.P.S. Toyota Production System: Lean Manufacturing en su denominación genérica anglosajona−, clarificándolo desde un punto de vista estratégico empresarial.

¿Qué es Lean Manufacturing?

• Lean Manufacturing es una estrategia de excelencia empresarial que toma como área clave el área de Operaciones, siguiendo el modelo original de Ford pero mejorándolo a través de la cultura japonesa, que permite pasar por encima del resto de empresas que no la desarrollen.

 o Se focaliza en entender que una empresa que tiene un mejor producto vende más. Las características de competitividad que definen que un producto es mejor son 4:

   - Coste, que determina la capacidad de modificar precio.
   - Calidad.
   - Plazo de entrega.
   - Flexibilidad, que define la capacidad de disponer de variedad de producto.

• Al contrario que en los modelos tradicionales de Gestión en los que, cuando se mejoraba una o varias de estas características del producto, no había más remedio que empeorar otras −como ejemplo, todos sabemos que cuando un producto tiene más calidad, su coste suele ser también mayor y viceversa−, la Evolución hacia el Sistema de Producción Toyota permite:

o Mejorar radicalmente las 4 características de competitividad del producto al mismo tiempo:

- Tener costes mucho más bajos.
- Conseguir mucha mejor calidad.
- Entregar a cliente en un plazo mucho más corto.
- Tener un proceso más flexible, que permite mayor variedad.

o Todo esto prácticamente sin inversión alguna… ¿sorprendente, verdad?

Tras esta definición, y a estas alturas del libro, me gustaría lanzar una pregunta de reflexión al lector: Si una empresa en un sector determinado comienza a evolucionar hacia el modelo de Gestión japonés, basado en el Sistema de Producción Toyota, y empieza a conseguir los resultados aquí descritos… ¿puede alguien competir con ella? La respuesta, como se puede intuir, es muy clara:

No se puede competir con una empresa
que aplique realmente Lean Manufacturing

Y me gustaría hacer hincapié en el término "realmente", pues hemos de tener cuidado con la interpretación o la percepción de lo que significa el concepto "Lean Manufacturing": la realidad del Sistema de Producción Toyota se encuentra oculta, es decir, no es perceptible directamente a nuestros ojos, puesto que se basa sobre todo en Filosofía, en un cambio de Cultura empresarial…

El concepto Lean ha sido en muchos casos percibido en nuestra sociedad occidental como una serie de metodologías y herramientas de ingeniería, para la aplicación sobre todo a empresas industriales. Sin embargo, se trata de un nuevo concepto filosófico de Gestión completa de la empresa, aplicable a cualquier tipo de sector –industrial y no industrial–, y que muchas de nuestras Universidades no han llegado a comprender todavía, porque la diferencia fundamental con respecto a los sistemas avanzados occidentales es el cambio en la forma de pensar y actuar de las personas de la empresa, frente a la visión tradicional, que consiste básicamente en entender que:

- Lo más importante para los trabajadores es su empresa, que les proporciona empleo.

- Lo más importante para los empresarios y ejecutivos, son sus trabajadores, que son los que hacen funcionar la empresa.

- Tanto empresa como trabajadores deben trabajar juntos y coordinados para conseguir continuamente un producto mejor, del cual salen todos los ingresos de la empresa: los sueldos de los trabajadores y los beneficios de los accionistas, y todo esto buscando siempre mejora de PRODUCTIVIDAD sin INVERSIÓN.

- No se pueden conseguir resultados a costa de las personas: el objetivo principal de la empresa para poder aplicar Lean Manufacturing consiste en la búsqueda de la felicidad de los individuos...

Si la empresa no cuida a los trabajadores
como si fueran de su familia
los trabajadores no cuidarán de la empresa
como si fuera algo suyo

Para poder entender esto adecuadamente, hagamos un pequeño esquema de los pilares en los que se basa Lean Manufacturing:

Pilar 1.- Filosofía "Just In Time": Sincronización de las Operaciones. Objetivo principal: Reducción y eliminación de las actividades que hemos llamado "desperdicio", y por tanto generación de PRODUCTIVIDAD sin necesidad de INVERSIÓN.

- ¿Quién es el que más sabe de los problemas –"desperdicio"– de un puesto de trabajo? La persona que lleva a cabo ese puesto de trabajo.

- ¿En qué consiste "Lean Manufacturing" con respecto a este punto? En formar a todos los trabajadores de la empresa en la detección y eliminación de las fuentes de "desperdicio", y más importante, conseguir su motivación para continuamente generar ideas y liderar los procesos de reducción y eliminación de tal desperdicio:

  o La **MOTIVACIÓN** de los trabajadores es fundamental para conseguir reducir continuamente "desperdicios", eliminar problemas, y por tanto conseguir **PRODUCTIVIDAD**.

Pilar 2.- El "Control Autónomo de Defectos": La Calidad se fabrica, no se controla. Objetivo principal: eliminar defectos de calidad del producto.

- ¿Quién es el que consigue que las cosas se hagan bien a la primera, es decir, con calidad, o mal, es decir, con defectos? La persona que ejecuta el trabajo.

- ¿En qué consiste "Lean Manufacturing" con respecto a este punto? En formar a todos los trabajadores de la empresa en la ejecución correcta de los procesos y en facilitarles la labor para que puedan hacer las cosas bien a la primera, y más importante, conseguir su motivación para asegurar que el producto tiene la calidad adecuada desde el primer momento, focalizándose en resolver en equipo los problemas de calidad que se produzcan, para que nunca más vuelvan a suceder: La **MOTIVACIÓN** de los trabajadores es fundamental para conseguir eliminar continuamente fuentes de defectos, y por tanto mejorar la **CALIDAD** del producto.

Pilar 3.- "El sistema PULL": sólo se produce si hay un pedido del cliente final o del proceso anterior.

- Esto está vinculado a no producir inventario de producto final con demanda incierta, de forma que, cuando vienen las "vacas flacas" no haya problemas, se eviten inventarios obsoletos y al mismo tiempo se genere liquidez en la empresa.

Pilar 4.- La Formación, Motivación y Trabajo en Equipo de todo el personal de la empresa, clave del éxito de la Evolución a Lean Manufacturing: todos los departamentos de la empresa trabajando al unísono hacia un objetivo común.

- Como hemos podido observar, éste es el pilar clave, basado en la filosofía japonesa de humildad para escuchar y considerar a todos los trabajadores como parte clave de la empresa. Sin este pilar, el resto de pilares no se sostienen.

- De todas las condiciones expresadas en este apartado, la clave más importante es la MOTIVACIÓN de los empleados, que son los que desarrollan la nueva forma de trabajar –el nuevo sistema de producción– desde la base, en los procesos de generación del producto o servicio. ¿Cómo se consigue MOTIVACIÓN? Existen muchas teorías al respecto, pero la más básica y sencilla se basa en el sentido común; la motivación de las personas se obtiene favoreciendo unas condiciones de trabajo dignas, y considerando a las personas como lo más importante: escuchando y respetando sus opiniones y el esfuerzo diario en su trabajo, y tratando de que sean felices...

El Sistema de Producción Toyota
se sustenta en las personas...

A modo de resumen: Lean Manufacturing consiste en aprovechar todo el potencial de las personas de la empresa, dirigido en el mismo sentido como un todo, hacia la mejora continua de los procesos –invirtiendo en tecnología sólo cuando es estrictamente necesario–, con el objetivo de mejorar continuamente el producto en sus 4 características fundamentales de competitividad –coste, calidad, plazo de entrega y flexibilidad–, a través de la reducción continua del "desperdicio" y la focalización por tanto en el "valor añadido", delegando la toma de decisiones al punto más cercano al proceso productivo, y todo esto con ilusión de futuro en todos los trabajadores de la empresa, es decir...

Lean Manufacturing consiste en
convertir a tus operarios en tus ingenieros

...concepto filosófico de gestión que, como el lector podrá intuir, no es perceptible en las empresas que lo apliquen...

Para poder aplicar el modelo de gestión japonés, hace falta tener en cuenta dos factores muy importantes:

- Para poder desarrollar el Sistema de Producción Toyota, y por tanto conseguir los objetivos de mejora radical de las características del producto sin inversión, es necesario dominar los conceptos de la Dirección de Operaciones, puestos en marcha originalmente por Henry Ford y comentados en el capítulo anterior.

- Es importante entender que no es fácil ni rápido de aplicar en cualquier empresa, puesto que se trata de un cambio completo de mentalidad, es decir, no se trata de una aplicación de metodología sino de una Evolución –y reitero, Evolución– completa en el modelo de Gestión:

El Sistema de Producción Toyota es el principio
de una nueva Revolución Industrial

He pretendido explicar a groso modo en qué consiste el sistema de Gestión japonés, basado en el desarrollo del Sistema de Producción Toyota, pero en ningún momento he pretendido que se llegue a entender completamente. Para esto se requieren horas de formación y de clarificación, pues el concepto tropieza de lleno con la visión occidental tradicional de la explotación del individuo por parte del capital, que es precisamente el error de las empresas de los países que no han tenido acceso a comprenderlo todavía...

5.4 - La Revolución Industrial OCULTA

Tras descubrir todo lo que estoy relatando, el lector se preguntará: si esto es así, ¿cómo puede ser que no nos hayamos dado cuenta todavía? La respuesta es muy sencilla: la filosofía que hay detrás del modelo de Gestión japonés no es visible; si no nos lo cuentan, es imposible que lo podamos averiguar, sobre todo porque dos empresas occidentales que dominen la Dirección de Operaciones, pero gestionadas de forma diferente −sistema tradicional/sistema japonés−, a ojos de cualquiera que las visite, son exactamente iguales, es decir...

La Revolución Industrial actual no es visible,
salvo que nos la cuenten...

Volviendo de nuevo al terreno de la Economía de los diferentes países del mundo −objetivo de clarificación de este libro−, la pregunta a hacernos tras lo expuesto es la siguiente: ¿Cómo afecta el desarrollo del Sistema de Producción Toyota −esta "Revolución Industrial oculta"− a los diferentes países y a sus Economías? Hagamos un sencillo análisis de la historia reciente...

- Recordemos la exposición histórica realizada en el capítulo anterior: los países que dominan la Dirección de Operaciones, y que por tanto son los más ricos del mundo porque tienen las mejores empresas industriales, son los integrantes del G7 –Estados Unidos, Canadá, Reino Unido, Francia, Alemania, Norte de Italia y Japón–.

  o De entre ellos, el líder mundial, Estados Unidos –origen de la Dirección de Operaciones, basada en el modelo puesto en marcha por Ford a principios del siglo XX–, empieza a sufrir la elevada competitividad japonesa durante los años 70, cuando las principales empresas industriales de Japón comienzan a instalarse en Norteamérica.

  o En 1984, Estados Unidos descubre inicialmente qué les ocurre a las empresas norteamericanas frente a las japonesas, y en 1990 el M.I.T. pone sobre la mesa el concepto "Lean Manufacturing".

- Las empresas y Universidades norteamericanas comienzan a investigar y desarrollar conceptos relacionados con Lean Manufacturing a partir de 1990, potenciando aún más la Dirección de Operaciones a través de una nueva filosofía de Gestión, sobre todo en el sector de Automóvil; el resto de sectores en Estados Unidos lo empieza a aplicar sólo tímidamente, mientras la mayor parte de países aún no ha descubierto nada absolutamente...

  o Los países europeos del G7, que debido al Plan Marshall tenían empresas multinacionales en común con Estados Unidos, comienzan a seguir, aunque con un retraso en el tiempo y también tímidamente, los conceptos de Lean Manufacturing en Europa...

- Paralelamente a todo esto y al mismo tiempo, los países periféricos de Europa –nuestros queridos P.I.G.S., incluyendo por supuesto a España– no perciben nada, puesto que tanto el conocimiento en Dirección de Operaciones como los conceptos "Lean" son complejos y completamente intangibles: en lugar de la industria –que por supuesto ahora entendemos un poco más por qué nunca ha sido competitiva frente al G7– nos dedicamos a desarrollar la construcción y a potenciar los servicios como sectores principales de nuestras economías, craso error.

o Tal y como comentamos en su momento, se potencian los conocimientos en tecnología –ingenieros– y en finanzas –economistas– como ejes principales, conocimientos que se consideran importantes pero no nucleares en la Dirección de Empresas en los países del G7.

Todo esto es lo que va sucediendo en la historia mientras parece que hay bonanza económica mundial, hasta que llega un momento en que a finales de 2007 se produce la Crisis financiera internacional, generada a priori por el problema norteamericano de las hipotecas "subprime" expuesto al principio del libro, pero que en realidad tiene una raíz estructural mucho más profunda y que explicaremos en detalle en el próximo capítulo. Es en este momento cuando se producen reacciones completamente diferentes en las empresas de los distintos países, tal y como se expone a continuación:

• A raíz del problema de falta de liquidez de los bancos a nivel mundial, se restringe el crédito a empresas y familias, y cae el consumo drásticamente.

o Como consecuencia de ello, las empresas ven disminuir sus pedidos teniendo exceso de capacidad y por tanto mayores costes unitarios; paradójicamente, al luchar por intentar mantener las ventas, los precios caen radicalmente en todos los sectores de la Economía.

o Hemos de tener muy en cuenta que, puesto que nos

encontramos en un entorno completamente globalizado, las empresas compiten internacionalmente con las de otros países…

- En el momento cae el consumo y por tanto los precios, las empresas de los países del G7, que dominan el conocimiento en Dirección de Operaciones y que saben de la existencia del concepto "Lean" pero no le han hecho mucho caso hasta ahora, se dan cuenta de su valiosa y gran importancia a la hora de competir: la mayor parte de sus empresas, en todos los sectores, se lanzan a desarrollar los conceptos japoneses para conseguir PRODUCTIVIDAD sin INVERSIÓN de manera exponencial:

  o Como ejemplo, los datos de las grandes multinacionales de consultoría con respecto al incremento de proyectos "Lean Manufacturing" en 2009 son escalofriantes:

    - Se incrementa más de un 15% la demanda de proyectos "Lean" en el centro de Europa…
    - Se incrementa la demanda de proyectos "Lean Manufacturing" en China en torno a un 25%, sobre todo en las fábricas de las empresas multinacionales, del G7 en su mayor parte…
    - Al contrario que en Alemania, Reino Unido o Francia, en España cae la demanda de proyectos "Lean" más de un 5% –prácticamente no conocemos el concepto–, y sin embargo se incrementa radicalmente la demanda de proyectos financieros…
    - Por supuesto, a nuestros queridos P.I.G.S., debido al desconocimiento que tienen sus empresas en el área de Operaciones, les ocurre al igual que a España:

en los P.I.G.S. seguimos pensando
que la crisis es financiera

mientras los países ricos
están en plena Revolución Industrial

5.4.1 – Implicaciones de la Revolución Industrial para Europa

Tras lo que acabo de relatar, el lector se sentirá seguramente algo extrañado, e incluso puede ser que nervioso... ¿Es posible que en las empresas españolas vayamos al revés que en las alemanas? Y si las alemanas, además de dominar la Dirección de Operaciones, están evolucionando rápidamente hacia Lean Manufacturing... ¿Existe alguna posibilidad de competir con ellas? ¿Y con las del resto del mundo? La respuesta es muy dura, pero altamente clarificadora: ES IMPOSIBLE.

¿Qué implica la situación tan descompensada de Revolución Industrial en los países del centro de Europa, frente a la focalización exclusivamente financiera de la crisis en España y en los P.I.G.S.? Inicialmente:

- Se produce un gran desarrollo industrial, y por tanto de la economía y del empleo, en centro de Europa.
- Se produce una caída radical de la Industria en España y en los P.I.G.S. porque no pueden competir con las empresas del centro de Europa, y por tanto caen drásticamente sus Economías.

Y posteriormente, esto nos lleva a:

- La aparición de un Déficit Público muy elevado, debido a la caída de los ingresos del Estado –que el lector recordará que provenían exclusivamente de las empresas privadas–, que ha llevado a los P.I.G.S. a un endeudamiento abismal, y por tanto:

debido a la actual Revolución Industrial en Europa
las Deudas Públicas de los P.I.G.S.
no se pueden devolver

Éste es, precisamente, el problema real al que se enfrenta la Unión Europea...

5.5 - La solución a la crisis española y de la Unión Europea

De forma sencilla, y siguiendo el hilo conductor expuesto hasta ahora, es el propio lector el que seguramente puede ya argumentar cuál es la vía de solución a la crisis de España, Portugal, Grecia, Irlanda, e incluso de Italia, y por tanto de la Unión Europea en su conjunto:

- El Desarrollo de la Industria en los países periféricos de Europa, a través de la adquisición y desarrollo del conocimiento en Dirección de Operaciones como conocimiento clave en empresas y Universidades, entendiendo que dicho conocimiento se encuentra en plena Revolución Industrial hacia el modelo japonés de Gestión, la evolución hacia Lean Manufacturing:

    o El desarrollo Industrial en los P.I.G.S. es lo único que permitirá el incremento de los Ingresos de los Estados para poder reducir el Déficit Público, llegar a generar Superávit, y poder así hacer frente a la devolución de las Deudas Públicas...

5.6 – Bibliografía de confirmación de lo expuesto en este libro

Puesto que algunos lectores pueden llegar a pensar que lo expuesto en este libro es fruto de la invención o gran imaginación del autor, y pueden incluso llegar a creer que esto en realidad es una novela de ciencia ficción, me gustaría recomendar la lectura de 3 libros clave en el conocimiento empresarial actual –dos de ellos han sido ya nombrados en el texto–, fruto de la amplia experiencia real del autor del primer libro, y de años de investigación profunda en el caso de los otros dos.

Son los siguientes:

- Henry Ford: "Today and Tomorrow". 1926

  o Edición española: "Hoy y Mañana", 1931. Descatalogada por falta de demanda.
  o Resultado de la dilatada experiencia de Henry Ford al poner en marcha la Ford Motor Company en 1903, probar en detalle su nuevo modelo productivo en la planta de Highland Park en 1910, y duplicar los salarios en 1914.

- Jim Womack / Dan Jones: "The machine that changed the world". 1990

  o Edición española: "La máquina que cambió el mundo", 1992. Descatalogada por falta de demanda.
  o Resultado de 5 millones de dólares en el Programa de Investigación de Vehículos a Motor del M.I.T. –Cambridge, Massachussets. Estados Unidos–, donde se define por primera vez el concepto "Lean Manufacturing".

- Jeffrey Liker: "The Toyota Way". 2004

  o Edición española: "Las claves del éxito de Toyota". 2006
  o Resultado de más de 20 años de investigación sobre Toyota en la Universidad de Michigan –Ann Arbor, Michigan. Estados Unidos–.

Tras la lectura de este libro, recomiendo ampliamente la lectura de los 3 libros aquí mostrados, que llevarán al lector a disfrutar de descubrir, tal y como me ocurrió a mí en su momento, cómo funciona el sistema capitalista del cuál vivimos, qué hay que hacer para que las empresas funcionen adecuadamente y puedan generar empleo, y por tanto hacia adónde hay que mirar para que la Economía de un país genere riqueza...

CAPÍTULO 6

La crisis mundial NO es financiera
ES UNA CRISIS INDUSTRIAL

"Si te debo una libra, tengo un problema;
si te debo un millón, el problema es tuyo"
– John Maynard Keynes

Tal y como hemos descrito en el capítulo anterior, no sólo es importante dominar el conocimiento en Dirección de Operaciones como clave en la mente de empresarios y ejecutivos, y potenciarlo como conocimiento principal en nuestras Universidades y Escuelas de Negocio, sino entender que nos encontramos en plena Revolución Industrial hacia una forma de pensar completamente diferente basada en la propia Dirección de Operaciones, hacia el llamado Sistema de Producción Toyota –T.P.S. Toyota Production System, en su nomenclatura anglosajona definida en el M.I.T. como "Lean Manufacturing"– mediante la que se consigue una mejora radical del producto frente a la competencia a través del valor aportado por las personas, principal activo de la empresa. Esta nueva Revolución Industrial está liderada precisamente por las empresas de los países donde la Dirección de Operaciones se ha ido desarrollando a gran escala durante el siglo XX, tal y como hemos reflejado con anterioridad en el análisis histórico sobre el desarrollo del conocimiento en Gestión Industrial.

Así mismo hemos comentado que es sobre todo a partir del colapso bancario de 2007 cuando estas empresas, que no habían dado mucho crédito al sistema japonés de producción, se vuelcan completamente en tratar de entender y desarrollar "Lean Manufacturing" como prioridad estratégica, pasando por encima de todas las demás en plena crisis económica, y por tanto hundiendo a las empresas del resto de países del "primer mundo", fundamentalmente los P.I.G.S. —Portugal, Irlanda, Grecia y Spain—, afectando por tanto a la economía de dichos países, y poniendo en jaque la estabilidad económica de la Unión Europea y del mundo.

Sin embargo, aunque las empresas de estos países —los integrantes del G7— están desarrollando este conocimiento en sus empresas, sus economías parece que no consiguen tampoco despegar y salir finalmente de la crisis: no consiguen reducir sus déficits, cada día que pasa están más endeudados y su entorno financiero se tambalea... ¿Cómo puede ser, si sus empresas industriales son las mejores del mundo y además pagan salarios altos que desarrollan el consumo? ¿Qué ocurre con las políticas fiscales, monetarias y comerciales llevadas a cabo por sus gobiernos? ¿Por qué no funcionan? La causa radica en un problema estructural industrial, generado a partir del desarrollo a gran escala de la Globalización —a partir del desarrollo de internet—, paralelamente a un dramático error por parte de los diferentes países, al aplicar las diferentes políticas económicas basadas en la fórmula de cálculo de la Demanda Agregada, definida por Keynes a principios del siglo pasado. En realidad:

el origen de la crisis mundial es industrial
y esto nos ha llevado al colapso financiero

6.1 - El problema industrial mundial que nos lleva a la crisis financiera

Tal y como hemos demostrado y llevamos repitiendo a lo largo del libro, las empresas que sostienen la economía capitalista de cualquier país son las industrias: si un país tiene más fábricas, genera más P.I.B.; si tiene menos fábricas, genera menos... Es decir, las unidades de generación de riqueza de cualquier país se llaman "fábricas".

Por otro lado, también hemos comentado en anteriores capítulos que la economía capitalista se basa en el consumo continuo de productos y servicios: si no hay consumo no hay producción, y si no hay producción no hay más empleo que nos lleve a más consumo de nuevo. Ahora bien, ¿qué parte de la sociedad sostiene el consumo? ¿Los ricos, que son menos del 10% de la población, o los pobres –clases medias y bajas–, que son más del 90%? Como podrá intuir de forma sencilla el lector, la respuesta es muy clara: la capacidad de consumo de un país se encuentra en las clases medias y bajas, es decir, en todos aquellos que tienen como ingreso principal –y en muchos casos único– su SALARIO.

¿Cuál es por tanto la única manera real de incrementar el consumo, y por tanto llevar la economía hacia el crecimiento?

Sólo hay una respuesta: **SUBIR LOS SALARIOS**

Esto fue lo que hizo precisamente Henry Ford en 1914: duplicó los salarios en sus fábricas, el resto de empresas le siguió, y en poco tiempo Estados Unidos se convirtió en el país más rico y poderoso del mundo...

Tal y como se observa en la relación de la figura siguiente, si los salarios suben hay más consumo y por tanto más ventas, más producción y en consecuencia más empleo en el país –si las fábricas están dentro de sus fronteras– que, si sigue estando bien pagado, genera más consumo de nuevo.

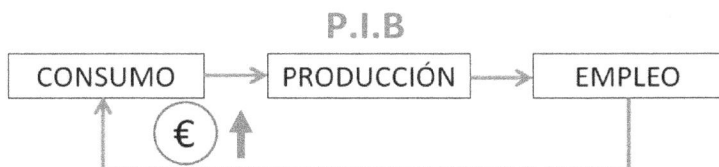

P.I.B

CONSUMO → PRODUCCIÓN → EMPLEO

(€)

Por otro lado, si los salarios bajan hay menos consumo y por tanto menos ventas, menos producción y menos empleo, y esto nos lleva a nuevas y continuas caídas del consumo. Los salarios producen una espiral de crecimiento económico si suben, y por el contrario una espiral de entrada en recesión si bajan. Ahora bien, recordemos al lector que, aunque el consumo es el que estimula la Economía inicialmente, sólo la Producción –el P.I.B. del país– genera la riqueza: sólo las fábricas tiran de la Economía y del empleo, si están dentro de las fronteras del país...

6.1.1 - La causa raíz de la crisis mundial: el proceso de deslocalización de fábricas

¿Qué es lo que está pasando en el mundo a raíz de que comenzara a desarrollarse internet a gran escala? ¿En qué consiste realmente el proceso de Globalización? La posibilidad de comunicación fácil y rápida con otros países, así como una gestión logística global, ha potenciado la búsqueda del beneficio empresarial fácil a través de la fabricación con mano de obra de coste muy bajo.

Esto ha llevado a que las empresas de los países del G7, expertas en Dirección de Operaciones –en plena Revolución Industrial hacia los conceptos filosóficos del sistema japonés de producción TPS / Lean Manufacturing–, y por tanto líderes mundiales en sus diferentes sectores, comenzaran a principios de los años 90 a deslocalizar sus fábricas, es decir, a cerrar las existentes en sus países de origen y a abrir nuevas en países con mano de obra muy barata –prácticamente de coste nulo, y por tanto generando un gran beneficio a corto plazo–, con el objetivo de vender los productos fabricados de vuelta en los países ricos –fundamentalmente Norteamérica y Europa–. Hasta ahora todo parece tener su lógica: la Globalización parece proporcionar a las empresas la posibilidad de trabajar internacionalmente, decidir dónde colocar sus fábricas, y por tanto ganar más dinero. Sin embargo, este pensamiento lógico de generación de beneficios a corto plazo es precisamente el que nos lleva a medio plazo a la hecatombe financiera mundial, al riesgo de colapso actual del sistema capitalista en el que vivimos y del cual dependemos...

El proceso de deslocalización de fábricas desde los países ricos hacia los países pobres es la causa primaria y origen de la crisis mundial, puesto que implica que: La mayor parte de empresas de los países industrializados están cerrando las fábricas con salarios altos –única forma de generación de riqueza– en sus países de origen, y abriéndolas en países del "tercer mundo" con salarios ínfimos. Por lo tanto:

- Existe una caída continuada del salario medio mundial, lo que implica una caída continuada del consumo en el mundo y por tanto de la Economía del planeta...

- Los países desarrollados pierden P.I.B. rápidamente: sus ciudadanos pierden empleo y caen radicalmente los ingresos de sus gobiernos, generándose un elevado Déficit Público por diferencia con el Gasto, base de los servicios sociales y del llamado "Estado de Bienestar".

- Los países pobres incrementan radicalmente su P.I.B., pasando sus gobiernos a tener un elevado Superávit, pero con una diferencia fundamental frente a los países ricos: ¡SIN INCREMENTAR LOS SALARIOS!

  - Como hemos comentado anteriormente, los salarios son la clave para generar consumo, por lo que hay una diferencia fundamental que nos lleva a la raíz de nuestro problema financiero:

    los países pobres
    no pueden consumir lo que fabrican...

- Las empresas deslocalizadas en los países pobres tratan de vender lo fabricado de vuelta en los países ricos, puesto que los salarios tan bajos no permiten el consumo masivo en el país en el que se encuentran...

- Ahora bien, si han cerrado la mayor parte de las fábricas en sus países de origen generando un elevado desempleo, seguramente el lector se planteará la misma duda que yo me planteé en su momento:

¿A quién van a vender de vuelta
sus productos?
¿Cómo puede ser que puedan venderlos
de todas formas?

Al tratar de darle respuesta a esta última pregunta, es cuando descubrimos la causa secundaria de la crisis mundial, inducida por la primaria, y que nos lleva de cabeza al colapso financiero...

6.1.2 - La causa inducida de la crisis mundial: el error actual de la fórmula de Keynes

John Maynard Keynes fue un economista británico que definió en el año 1936, tras la Gran Depresión de 1929, cómo podían los Estados aplicar Políticas que permitieran actuar sobre la Economía en momentos de recesión –como era el caso– para sacar a sus países de la crisis y llevarlos al crecimiento económico. El propio Keynes definió claramente que la economía capitalista se basaba en el incremento sostenible en el tiempo de lo que él llamó "Demanda Agregada"; si de forma natural no se incrementaba –cosa que sí ocurría en los periodos de bonanza económica–, proponía la intervención del Estado para generar de forma provocada la subida de dicha "Demanda Agregada", retornando el país de nuevo al Crecimiento Económico. Ahora bien, ¿qué es esto que los Economistas llaman "Demanda Agregada"? ¿Cómo pueden los diferentes Estados afectarla? Vamos a continuación a entender, de forma sencilla y clara, qué proponía Keynes.

Keynes definió la Demanda Agregada "Da" de un país como el conjunto de todas las demandas individuales de los productos y servicios del país, calculada de forma agregada. Asumiendo que todo lo que se le demanda a un país, el propio país ha de producirlo, definió que la Demanda Agregada total del país era igual a la Producción del mismo, por lo que afectando a la Demanda –al consumo– subiría la Producción –el P.I.B.–. Para poder entender en qué consistía la Demanda Agregada, Keynes la representó como suma de 4 elementos: el consumo privado "C", el gasto público "G", la inversión privada "I", y las exportaciones netas "XN" –como diferencia entre exportaciones "X" e importaciones "N"–, tal y como se representa en la fórmula:

$$Da = C + G + I + XN$$

Lo que proponía Keynes para que los gobiernos pudieran afectar positivamente a la Economía de su país era que debían establecer políticas que, afectando a cada elemento de la fórmula por separado, pudieran conseguir un incremento global de la Demanda Agregada en épocas de recesión por incremento de cada uno de los 4 elementos de la fórmula, o disminuirla en los casos de exceso de inflación en épocas de bonanza aplicando políticas contrarias. Los elementos y las políticas económicas para afectar a la Demanda Agregada que Keynes definió son:

El CONSUMO PRIVADO "C"

- El consumo privado se define como el consumo de los ciudadanos del país, medido como el gasto total en compras de productos y servicios internos, es decir, generados por empresas dentro de las fronteras del mismo.

- Las políticas económicas a aplicar consisten básicamente en el manejo de los impuestos, bajándolos cuando se necesita potenciar la demanda y subiéndolos cuando se necesita frenar la inflación.

El GASTO PÚBLICO "G"

- Se considera así a todos los gastos e inversiones realizados por el Estado dentro de las fronteras del país, incluyendo nóminas de funcionarios y políticos, prestaciones sociales, servicios públicos, construcción de infraestructuras, gasto militar, etc.

- Las políticas económicas a aplicar son precisamente el incremento del Gasto Público cuando se necesita potenciar la demanda, y su disminución cuando se necesita frenar la inflación. A este apartado le dedicaremos especial atención en este capítulo.

La INVERSIÓN PRIVADA "I"

- Está formada por todas las inversiones realizadas por las empresas privadas y por los ciudadanos; en el caso de las empresas privadas se trata de sus inversiones en incremento de capacidad de producción o mejora tecnológica, y en el caso de los ciudadanos sobre todo la inversión en vivienda propia.

- Las políticas económicas a aplicar para el control de este parámetro consiste principalmente en la variación de los intereses bancarios, disminuyéndolos cuando se necesita potenciar la demanda, e incrementándolos cuando se necesita frenar la inflación.

Las EXPORTACIONES NETAS "XN"

- Las Exportaciones Netas de un país se calculan como la diferencia entre Exportaciones –productos fabricados en el país y que compran ciudadanos de otros países– e Importaciones –productos fabricados fuera del país y que los ciudadanos del país compran–, tanto del entorno público como del privado.

- Las políticas a aplicar en este caso consisten por un lado en la variación del valor de la moneda del país, devaluándola

–haciendo que su valor sea menor frente al resto de monedas– cuando se necesita potenciar la demanda –las exportaciones–, o reevaluándola –haciendo que su valor sea mayor– cuando se necesita frenar la inflación; por otro lado, la utilización de Aranceles –impuestos del país a los productos extranjeros, que los encarecen frente a los nacionales– pueden también frenar las importaciones y potenciar el consumo de los productos fabricados internamente.

La potenciación de la Demanda Agregada, a través de las diferentes Políticas Económicas de los países sobre los parámetros de la fórmula de Keynes, se ha venido aplicando con éxito durante el siglo XX por los diferentes gobiernos, sobre todo y de forma extensiva en Norteamérica y Europa, y en líneas generales han estado dando buenos resultados. Por otro lado, potenciar la Demanda es algo lógico, porque sin demanda no puede haber producción ni por tanto empleo...

La pregunta que seguramente el lector se estará haciendo es: ¿cómo puede ser que en la crisis actual estemos aplicando las diferentes políticas económicas postuladas por Keynes y no proporcionen los resultados esperados, es más, parece que nos llevan aún más hacia el abismo? La causa se encuentra en un error básico de apreciación: han cambiado las condiciones de contorno de la fórmula de Keynes en la mayor parte de los países desarrollados, por lo que las políticas económicas no proporcionan los resultados esperados: es más, es al aplicarlas cuando llevamos al sistema capitalista del cual vivimos a la quiebra financiera...

6.1.2.1 - Las condiciones de contorno han cambiado

¿Qué es esto que yo llamo "Condiciones de Contorno"? Es muy sencillo de explicar... Cualquier matemático al que preguntemos nos dirá que cualquier fórmula matemática –como es el caso de la de Keynes– es válida únicamente en unas condiciones de contorno determinadas, y que es muy importante definirlas claramente puesto que, si no se dan estas condiciones, la fórmula no es válida y hay que utilizar otras fórmulas o métodos diferentes. Como ejemplo, en el caso de que estuviéramos hablando de química y del compuesto químico "agua", las fórmulas de comportamiento del agua en estado sólido –por debajo de 0 grados centígrados–, en estado líquido –entre 0 y 100–, o en estado gaseoso –por encima de 100– son diferentes. Así por ejemplo, las fórmulas de comportamiento del agua en estado líquido tienen como condición de contorno que la temperatura del agua esté entre 0 y 100 grados; fuera de estas condiciones de contorno, las fórmulas no sirven y hay que utilizar otras, precisamente porque el agua ya no es agua, sino hielo o vapor.

¿Cuáles son por tanto estas Condiciones de Contorno en el caso de la fórmula de Keynes? ¿Por qué han cambiado y por lo tanto no funcionan las Políticas Económicas vinculadas a la fórmula? Vamos a mostrarlo a continuación...

John Maynard Keynes murió en 1946, justo un año antes de que en 1947 se pusiera en marcha el Plan Marshall y se extendieran a gran escala las multinacionales desde Estados Unidos al Centro de Europa, comenzando oficialmente esto que llamamos "Globalización". Esto quiere decir que, cuando Keynes definió su fórmula de la Demanda Agregada y su teoría económica para afectarla, no vivíamos en un mundo globalizado sino prácticamente local, en el que cada país prácticamente se fabricaba todo lo que consumía, es decir, la mayor parte de las fábricas –únicas células generadoras de riqueza– estaban dentro de cada país y no competían con las de fuera. Éstas son precisamente las condiciones de contorno que hacían que la fórmula de Keynes fuera muy válida en la aplicación de las diferentes políticas económicas: la potenciación de la Demanda Agregada –consumo– generaba la Producción –P.I.B./riqueza– dentro de cada país.

Sin embargo, estas condiciones de contorno han cambiado en la actualidad debido al intensivo proceso de deslocalización de fábricas desde los países ricos a los países pobres de los últimos 20 años, generándose un desarrollo exponencial de la Globalización a través del desarrollo de las Tecnologías de Información y Comunicaciones –TICs–, que se basan en el tremendo potencial de Internet. Esto significa que ya nunca más la mayor parte de las fábricas de un país rico están en el país rico, sino están fuera, en algún país pobre.

¿Qué implica por tanto para los países ricos –los que han basado su economía en la Industria y por eso se llaman "países industrializados"– que la mayor parte de sus fábricas ya no sean suyas, sino que estén en otro país? Algo muy peligroso desde el punto de vista de las Políticas Económicas definidas por Keynes y utilizadas masivamente en la actualidad: potenciar la Demanda Agregada –consumo– para hacer crecer la Economía en un país, genera la Producción –P.I.B./riqueza– ¡en otro país! ¿Parece una broma pesada, verdad? Seguramente el lector ya tendrá en mente qué país está saliendo beneficiado de este gran error de concepto que no se ha percibido hasta ahora, y que este libro trata de poner de manifiesto: CHINA.

Es precisamente este error de no consideración del cambio en las condiciones de contorno actuales –que anula la validez de la fórmula de Keynes–, lo que está provocando que las diferentes Políticas Económicas aplicadas en la mayor parte de los países del primer mundo no sólo no funcionen, sino que generen una situación dramática para la Economía mundial, poniendo en riesgo al sistema capitalista y por extensión a la estabilidad del planeta en su conjunto: ¿Dónde se encuentra el principal peligro? En la utilización masiva del Gasto Público...

6.1.2.2 - El riesgo actual de seguir incrementando el Gasto Público

Una de las Políticas Económicas más potenciadas por Keynes es precisamente la que mayor potencial de desarrollo de riqueza y control de la Economía a corto plazo ha tenido hasta ahora, así como capacidad directa de aplicación de forma unidireccional por parte de los gobiernos: modificar el Gasto Público.

Tal y como nos aconsejaba Keynes, puesto que la Economía se considera cíclica –hay etapas de crecimiento económico y de decrecimiento económico–, en los momentos en que el ciclo económico cae y un país tiene riesgo de entrar en recesión, el Estado debe intervenir directamente incrementando el Gasto Público, de forma que los puestos de trabajo generados a raíz del incremento del Gasto –puestos de trabajo temporales: en países como España generados por la Obra Pública, y en países como Estados Unidos generados por la fabricación de armamento y equipamiento militar– generen consumo en una segunda etapa en las fábricas de productos de consumo del país, generando en este caso el empleo estable deseado y por tanto más consumo de nuevo, que vuelve a generar más empleo estable en varias etapas sucesivas. Es precisamente este efecto multiplicador de la Producción, y por tanto del empleo del país, denominado "multiplicador del Gasto Público", lo que provocaba que una inyección de Gasto Público determinada se multiplicara –tras las estimaciones económicas sobre el porcentaje de ingresos por persona destinada al consumo– al menos cinco veces en P.I.B, de forma que se generaba fácil y rápidamente riqueza y se conseguía salir de la recesión, tal y como Keynes postulaba:

CICLO ECONOMICO

Crecimiento Económico

Decrecimiento Económico

Crecimiento Económico de nuevo

Inyección de
GASTO PÚBLICO

Esto fue precisamente lo que ocurrió durante la Segunda Guerra Mundial: el tremendo Gasto Público norteamericano en fabricación de armamento y equipamiento militar –junto a una escalada de incremento rápido de los salarios, puesta en marcha por el presidente Roosevelt algunos años antes–, provocó una multiplicación del P.I.B. del país, que hizo salir de la crisis económica de 1929 a Estados Unidos y, por extensión a través del ya comentado Plan Marshall –Gasto norteamericano en Obra Pública para la reconstrucción del Centro de Europa, junto a la puesta en marcha de nuevas fábricas– a Europa.

Sin embargo, tal y como hemos comentado anteriormente, han cambiado las condiciones de contorno para la aplicación de la fórmula de Keynes: ¿cómo afecta este cambio, provocado por la Globalización, a las políticas de Gasto Público? De forma sencilla, se observa claramente cómo son precisamente las Políticas de incremento del Gasto Público lo que genera el grave problema financiero mundial actual: los países desarrollados han incrementado su Gasto Público desmesuradamente en los últimos 20 años, siguiendo las políticas económicas de Keynes, para intentar paliar la caída de P.I.B. por el cierre de fábricas y la apertura de las mismas en el sudeste asiático, sin conseguir resultado alguno, lo cual ha generado 2 problemas paralelos:

- Un incremento drástico del P.I.B. de los países donde se han deslocalizado las fábricas, precisamente por el efecto multiplicador del Gasto Público:

  o Cuando los países del G7 incrementan el Gasto Público con el objetivo de generar riqueza y empleo –P.I.B.–, la mayor parte de la riqueza y del empleo no se genera en su país sino que se genera con efecto multiplicador en las Economías emergentes, es decir:

cuando U.S.A. o Japón incrementan
su Gasto Público,
crece el P.I.B. de China

- Un déficit público desmesurado, que ha generado un endeudamiento brutal en los países que se están quedando sin fábricas...

  o Éste es el verdadero problema financiero mundial, tremendamente grave y con riesgo de que los países más potentes del mundo entren en situación de suspensión de pagos:

  con la situación actual
  de deslocalización de fábricas
  las deudas de los países
  no se pueden devolver

¿Qué conclusión podemos extraer de este análisis?

- El incremento del Gasto Público en países que están destruyendo industria dentro de sus fronteras –Estados Unidos o Japón porque la deslocalizan / España o Grecia porque carecen del conocimiento para tener fábricas competitivas– genera P.I.B. en los países que tienen las fábricas –China / Alemania–, y sólo endeudamiento y por tanto riesgo muy elevado de quiebra financiera como país al aplicar la teoría económica de Keynes:

El país que tiene las fábricas, GANA
El país que no las tiene, QUIEBRA
El Gasto Público sin Industria
es un SUICIDIO FINANCIERO

y como ya comentamos con anterioridad en este libro:

La reducción del Gasto Público
es un HARAKIRI ECONOMICO

6.2 - La solución a la crisis financiera mundial es una solución industrial

Acabamos de demostrar que las diferentes políticas económicas definidas por Keynes sólo son válidas si el país tiene las fábricas dentro de sus fronteras, y que es un "suicidio financiero" si se aplican Políticas de Gasto Público teniendo las fábricas en otro país. Por otro lado, hemos demostrado también con anterioridad que, puesto que la Economía capitalista se basa en la capacidad de consumo del planeta, que se encuentra sobre todo en las clases medias y bajas —los asalariados—, para que se produzca un incremento de consumo en la sociedad, los salarios han de ser altos...

¿Cuál es por tanto la solución a la crisis económica para cada país? Disponer de fábricas competitivas dentro de sus fronteras —mejora competitiva generada a partir del conocimiento en Dirección de Operaciones, evolucionado actualmente hacia Lean Manufacturing—, pagando salarios altos a sus ciudadanos.

6.2.1 - La solución a la crisis mundial: el problema de Estados Unidos y Japón

Estados Unidos dio la voz de alarma en 2011 alegando que estaba a punto de entrar en "suspensión de pagos". ¿Cómo puede ser que el país que lleva siendo nº1 del mundo en P.I.B. —y por tanto en riqueza— más de 100 años esté a punto de entrar en suspensión de pagos? Tras el análisis que acabamos de realizar, el lector lo entenderá perfectamente: Estados Unidos tiene la mayor parte de sus fábricas deslocalizadas fuera de sus fronteras, por lo que el desmesurado Gasto Público al aplicar las Políticas Keynesianas no ha generado el Ingreso —P.I.B.— esperado, produciéndose un Déficit Público y unos niveles de endeudamiento abismales...

Sin embargo, los grandes gurús de la economía mundial, que no han detectado el problema industrial de fondo definido en este libro, siguen aconsejando a los países ricos, y por supuesto a Estados Unidos y Japón –país este último en el que la mayor parte de sus fábricas también se encuentran fuera de sus fronteras, y por tanto sus niveles de Déficit Público y endeudamiento son muy cercanos a los estadounidenses–, que incrementen sus niveles de Gasto Público, craso error que nos lleva directamente a la hecatombe, al colapso del sistema financiero mundial si no hacemos algo previamente…

¿Qué ocurrirá si Estados Unidos y/o Japón siguen incrementando su Gasto Público desmesuradamente, cuando el primero ya ha dado avisos de que podría entrar en suspensión de pagos? El problema es tremendamente grave pues, tomando como ejemplo el caso de Estados Unidos, se produciría un proceso en cadena tal y como describimos a continuación:

- Como ya hemos descrito y estamos demostrando en este libro, el incremento de Gasto Público norteamericano no generará suficientes ingresos, por lo que se incrementará aún más su Déficit Público y su Endeudamiento.

- Puesto que Estados Unidos sigue siendo el líder en P.I.B. mundial hasta el momento, y el Gobierno ha cumplido siempre con sus compromisos de pago, los bancos tienen categorizadas a las empresas norteamericanas que basan sus ingresos en el Gasto Público –empresas públicas y empresas contratadas: obra pública, fábricas de armamento, etc.– como empresas de riesgo bancario mínimo. ¿Qué implica esto? Que estas empresas tienen mucho capital prestado de los bancos americanos; traduciéndolo a lenguaje técnico: sus pasivos exigibles son muy elevados.

- Si el Gobierno de Estados Unidos entra en "suspensión de pagos", dejará de pagar temporalmente a las empresas públicas y contratadas:

  o Estas empresas no podrán cumplir con sus compromisos de pago a los bancos norteamericanos.

- Los bancos norteamericanos se quedarán sin liquidez –sin dinero– y, puesto que el resto de bancos en el mundo están vinculados a los americanos a través de productos financieros dependientes de beneficios y liquidez de los primeros, en el momento falte liquidez los bancos americanos absorberán el capital del resto de bancos, generando falta de liquidez en los bancos de todos los países.

  o ¿Qué implica esto para usted y para mí, querido lector? Algo muy peligroso: no quedará dinero en nuestros bancos, porque lo que hayamos ingresado nosotros –nuestra nómina/nuestros ahorros–, aunque figure en un apunte bancario electrónico, no existirá:

  si Estados Unidos o Japón
  entran en Suspensión de Pagos
  los ciudadanos del mundo
  nos quedaremos sin dinero

  o ¿Qué ocurre en el mundo cuando no hay dinero? Que nos comienza a faltar lo más básico: el alimento… Y cuando el alimento falta, la consecuencia es tremendamente peligrosa, porque se produce una escalada de robos y delincuencia, y a medio plazo riesgo de Guerras Civiles…

¿Cuál es por tanto la solución a la crisis económica mundial? Los países ricos –Europa, Estados Unidos y Japón–, que tienen Déficits Públicos y endeudamientos elevadísimos, y que por tener salarios altos tiene la llave del sistema capitalista –el consumo– deben de:

- Por un lado, frenar la escalada de incremento del Gasto Público, para evitar entrar en suspensión de pagos, pero tampoco reducirlo, pues esto nos lleva a una escalada de reducción dramática de la riqueza y del empleo, tanto público en primera instancia como privado, por caída radical y muy rápida del consumo.

- Por otro lado, y mucho más importante, conseguir que sus propias fábricas vuelvan a instalarse dentro de sus fronteras, para que se genere el incremento de empleo e ingresos vinculado a la producción interna –P.I.B.–, de forma que se reduzca rápidamente el Déficit y el Endeudamiento, no por la vía de reducción del Gasto Público, sino por la vía del incremento en la recaudación esperada de impuestos.

La única solución a la crisis mundial se basa en
el retorno de las fábricas a sus países de origen

6.2.2 - La solución a la crisis de la Unión Europea: centro y periferia

Tal y como hemos mostrado en capítulos anteriores, la Unión Europea tiene un problema interno adicional al problema mundial que acabamos de describir, y que es necesario resolver para poder mantener su estabilidad con el objetivo de que no se destruya lo conseguido desde su fundación en 1957.

Tal y como pusimos de manifiesto en su momento, los países de Europa Central, que disponen del conocimiento en Dirección de Operaciones –básicamente Alemania, Francia, Reino Unido y los de su alrededor–, están actualmente mucho más estables económicamente que los países periféricos de Europa –Portugal, Irlanda, Grecia y España: los P.I.G.S.–, que están en plena caída de su Economía. Italia, que en su momento mostramos que es un país de corte "intermedio" entre ambos tipos de países, se encuentra actualmente en plena recesión por el brutal endeudamiento al que ha llegado, y que le han prestado los bancos debido a una apreciación errónea a la baja del riesgo del país: puesto que pertenece al G7, se ha pensado que estaba al nivel de Alemania, Reino Unido y Francia, y sin embargo, al no tener el nivel de desarrollo industrial de estos países, ha entrado en excesivos problemas financieros rápidamente, no por la parte de la falta de ingresos sino por la del exceso de Gasto; es por esto por lo que actualmente se encuentra incluido también entre los periféricos con riesgo de quiebra.

¿Cuáles son por tanto los problemas a los que se enfrenta la Unión Europea?:

- Por un lado, existe una descompensación brutal en el conocimiento en Gestión de Empresas y en la actitud hacia la Productividad entre los países de Europa Central y los periféricos:

  o Los países de Centro de Europa potencian la industria como motor principal de sus Economías, basando su desarrollo en la Productividad a partir del desarrollo del conocimiento en Dirección de Operaciones, tal y como hemos mostrado en capítulos anteriores: esto les permite sostenibilidad de sus Economías, generación de ingresos en sus países, y reducción del desempleo.

  o Los países periféricos no han podido potenciar su industria como motor principal de sus Economías, puesto que la carencia del conocimiento en Operaciones no les ha permitido desarrollar fábricas suficientemente productivas, cerrando frente a las de los propios países del Centro de Europa y frente al resto del mundo: esto ha generado una caída radical de sus Economías y del empleo, caída dramática de los ingresos en cada país, y por tanto generación abismal de Déficit Público, Endeudamiento y riesgo de quiebra.

- Por otro lado, es precisamente esta descompensación en el desarrollo industrial la que provoca que las políticas del Banco Central Europeo, comunes a todos los países, no puedan aplicarse adecuadamente para tener en cuenta los intereses de países centrales y periféricos, pues las necesidades de Política Monetaria son completamente opuestas, lo que origina los siguientes problemas graves:

o Los países periféricos necesitan tipos de interés bajos, para fomentar el consumo.
o Los países de Centro de Europa necesitan tipos de interés altos, para evitar que se dispare la inflación.
o El Banco Central Europeo, al ejercer una Política de interés intermedio entre ambos –política monetaria única–, perjudica a todos los países de la Unión, en los que se comienzan a alzar algunas voces pidiendo devolver el control a los Bancos Centrales de cada país, lo que implicaría un elevado riesgo de destrucción de la Unión Europea como tal, es decir:

en la situación actual de desequilibrio industrial
la Política Monetaria común de la U.E.
no funciona

• El más grave es el tercer problema: dentro de la propia Unión Europea, además de los bancos internacionales, los países de Europa Central han estado y continúan prestando grandes dosis de capital a los periféricos, con el objetivo de mantener la estabilidad de la Unión; paralelamente el Banco Central Europeo se ha decidido también a inyectarles dinero…

o Esto ha llevado por un lado a un gran endeudamiento de los países periféricos, con riesgos elevadísimos de no poder devolver no sólo el dinero prestado, sino incluso los intereses –como en el caso de Grecia–, lo que implica que los bancos pierden la confianza en estos países y se plantean no seguir prestándoles, es decir y hablando en lenguaje técnico, no podrán "colocar" su deuda pública –venderla en el entorno financiero, es decir, conseguir que les sigan proporcionando crédito–.
    - Si los países con problemas no siguen recibiendo dinero

a corto plazo, no podrán pagar a sus empresas públicas, por lo que ocurrirá el mismo problema que hemos mostrado anteriormente para Estados Unidos, pero a pequeña escala:

si los países con problemas financieros
no siguen recibiendo capital
el hambre y la pobreza extremas
acabarán con la población

o Por otro lado, los países de Europa Central, teóricamente estables económicamente porque poseen industria competitiva, se han endeudado muchísimo —porque teóricamente tienen riesgo financiero bajo—, y han utilizado gran parte de esa deuda para prestar capital a los países periféricos. Sin embargo, el problema financiero europeo comenzará a agravarse si los países periféricos no pueden devolver sus deudas:

- Si esto ocurre, los países de Centro de Europa tendrían que afrontar las deudas de la periferia, lo que les llevaría a caer en recesión por falta de liquidez en sus sistemas bancarios: no olvidemos, querido lector, que lo prestado por los bancos no es de ellos, sino de ciudadanos como usted y como yo…

las desorbitadas deudas públicas
de los países periféricos
están arrastrando financieramente
a los países centroeuropeos
con riesgo elevado de colapso
de la Unión Europea

¿Cuál es por tanto la solución a la crisis económica de Europa? La solución se encuentra en los países periféricos, y es la misma que hemos expuesto para España:

• Es necesario desarrollar los sectores industriales en los países periféricos, para igualar así sus Economías a las Centroeuropeas, que se genere empleo –y por tanto incremento del consumo global en Europa–, y que esto permita que la Política Monetaria del Banco Central Europeo sea efectiva.

6.2.3 - La situación para los países pobres: ¿cómo se erradica la pobreza?

Las llamadas "Economías Emergentes", de las que hemos hablado extensamente a lo largo del libro, están incrementando rápidamente su P.I.B. a niveles muy elevados, similares a los de los países ricos y en muchos casos superiores, como ocurre con China o Brasil. Sin embargo, el lector reconocerá conmigo que, aunque los niveles de P.I.B. sean muy altos, los niveles de pobreza en estos países siguen siendo muy elevados también, lo que implica que hay una gran polarización de la sociedad: el gran incremento de la riqueza del país genera un puñado de multimillonarios, y el resto de la población sigue tristemente siendo casi igual de pobre...

¿Por qué ocurre esto en los países pobres cuando parece que comienzan a desarrollarse industrialmente? Porque la riqueza, creada sobre todo por las exportaciones a países ricos y por ser proveedores de las multinacionales instaladas en el país, queda únicamente en los accionistas dueños de las empresas, que comienzan a consumir productos muy caros y lujosos; sin embargo, el consumo interno no se desarrolla, pues sus trabajadores prácticamente siguen sin poder consumir.

¿Qué implicaría por tanto para las Economías Emergentes –países en vías de desarrollo– que los países ricos –"dueños" de las fábricas más competitivas– decidieran retornarlas a sus países de origen para solucionar el problema financiero y de liquidez mundial?

- Por un lado, al no haber desarrollado prácticamente industria propia suficientemente competitiva frente a los países ricos, no serían capaces de exportarles productos propios y competir con sus multinacionales.

- Por otro lado, puesto que no se han preocupado de generar consumo interno a gran escala –sólo el de los ricos, porcentaje muy pequeño de la sociedad, consumidores de productos importados de lujo y alta calidad y por tanto no fabricados por ellos–, no tendrían clientes a los que vender sus productos:

  o Esto implicaría directamente que sus Economías caerían en picado, puesto que no se ha seguido el principio básico de generación de riqueza: SUBIR LOS SALARIOS...

no nos hemos dado cuenta
en la sociedad mundial
que nuestros trabajadores son nuestros clientes

¿Cómo se soluciona por tanto el problema que tienen los países pobres? ¿Cómo se soluciona la miseria, el hambre y las enfermedades consecuencia de éstas en el mundo? De una forma muy sencilla, y que mostramos a lo largo de este libro:

- Desarrollando industrias competitivas –fábricas–, con niveles elevados de Calidad y de Productividad –en esto ya tienen cierto avance los países con Economías Emergentes–: Aplicando el conocimiento en Dirección de Operaciones, evolucionado actualmente hacia Lean Manufacturing...

- Incluso más importante, y opuesto completamente a lo que el entorno financiero mundial cree y propone:

DUPLICANDO O TRIPLICANDO LOS SALARIOS...

¿Os imagináis la vorágine de consumo, fabricación y empleo que se generaría repentinamente si hoy mismo duplicásemos o triplicásemos los salarios en Brasil o China? ¿Os imagináis la puesta en marcha de fábricas en Etiopía o Mozambique para exportar inicialmente al resto del mundo, pero con la búsqueda de una espiral rápida y continua de crecimiento de los salarios para el desarrollo del consumo interno y muchas más empresas a partir de él? Pensad en un escenario así: empleo para todos, elevados impuestos recaudados por los Estados, desarrollo de las obras públicas, más empleo para todos de nuevo y...

...ELIMINACIÓN DEL HAMBRE EN EL MUNDO...

Sólo hay una forma de Generación de Riqueza, y se produce a través de la Industria:

- Fabricando los productos con la mejor CALIDAD posible
- Al mínimo COSTE posible
- Pagando los SALARIOS más altos posibles

Henry FORD

EPÍLOGO

D. Antonio Adés

ex Director de Fabricación – España. Ford Motor Company

En Ford Motor Company somos una de las empresas líderes del sector automóvil desde que se fundó la compañía a principios del siglo pasado y, tras más de cien años, seguimos siendo referente mundial. La clave se encuentra en la filosofía de nuestro fundador, Henry Ford, cuyos principios fundamentales están directamente relacionados con la focalización en el cliente, y por tanto en el producto que el cliente demanda, y que seguimos utilizando firmemente como motor de nuestra evolución.

La filosofía de Henry Ford sigue perenne en todos y cada uno de los trabajadores de nuestra empresa.

Henry Ford soñaba con hacer un mundo mejor poniendo los vehículos a motor al alcance de todos, de la sociedad en su conjunto. Para conseguirlo, buscó continuamente mejorar dos parámetros fundamentales, que siguen siendo los conductores de nuestra forma de vida:

- La Calidad, reflejada en la mejora continua a través de la Investigación y Desarrollo y de la Tecnología, siempre buscando mejores productos: ¡nos gusta tener clientes satisfechos!

- La Productividad, pilar fundamental para conseguir productos asequibles, pues permite bajar los costes y es uno de los motores principales de nuestra compañía:

  o Nuestros clientes consiguen un mejor producto a un menor precio.
  o Reinvertimos gran parte del beneficio obtenido para seguir investigando y mejorando los productos.

En Ford tenemos muy claro que los productos fabricados en nuestras plantas son los que proporcionan progreso y crecimiento a la compañía. Nuestra vocación por el cliente se refleja en los productos que pagan nuestros salarios, los ingresos de los socios –que aportan el capital–, y la capacidad de mejora a través de la reinversión de gran parte de los beneficios.

Cuando se visita una de nuestras fábricas, se percibe claramente por qué Ford es líder: la empresa funciona plenamente sincronizada, y puede dar la impresión de que es debido a la tecnología que utilizamos, y en la que invertimos continuamente para mejorar el producto; sin embargo, el resultado conseguido, el trabajo bien hecho, es gracias sobre todo a la dedicación y conocimiento de nuestra plantilla, de todos y cada uno de nuestros trabajadores, plenamente formados y motivados para asegurar que el producto tiene la máxima calidad al mínimo coste: la mejora continua de Calidad y Productividad está grabada en la mente de cada uno de nosotros, como lo más importante para asegurar nuestro empleo, nuestro liderazgo empresarial y la supervivencia de la empresa en el complejo entorno actual.

Es precisamente el retorno a la filosofía más pura de Ford lo que nos proporciona un posicionamiento claro para la generación de ventas y beneficios en el momento de crisis actual, que hemos reflejado en el plan **ONE FORD**:

• ONE TEAM – UN ÚNICO EQUIPO

Todas las personas trabajando juntas como una empresa global y "lean" para conseguir liderazgo en el sector del automóvil, cuando se mide a través de la satisfacción de los clientes, empleados, distribuidores, inversores, proveedores, sindicatos y de la sociedad en su conjunto: la aportación de valor a la sociedad forma parte del espíritu de Ford Motor Company.

• ONE PLAN – UN ÚNICO PLAN

Reestructuración agresiva para operar con beneficios según la demanda y la mezcla cambiante de modelos fabricados. Acelerar el desarrollo de nuevos productos que nuestros clientes quieran y valoren. Financiar nuestro plan y mejorar nuestro balance y cuenta de resultados, y trabajar juntos efectivamente como un único equipo: entre todos los integrantes de la plantilla, junto a nuestros colaboradores externos, estamos siendo capaces de focalizarnos en satisfacer mejor a nuestros clientes y adaptarnos a los cambios de demanda, manteniendo liquidez y beneficios para la supervivencia en el difícil entorno actual; hoy en día es clave hacer más con menos.

• ONE GOAL – UN ÚNICO OBJETIVO

Conseguir crecimiento rentable para todos: conseguimos mejorar a través de la ilusión de todas las personas participantes en cada componente de la fabricación de vehículos de Ford Motor Company.

Cada coche fabricado, cada unidad vendida, lleva consigo todo el cariño y todo el esfuerzo de los trabajadores de Ford y de las empresas colaboradoras por satisfacer los requerimientos de los clientes, siempre preservando por encima de todo el cuidado a la sociedad.

Nuestra forma de vida se resume en lo que hemos definido como "IR MÁS ALLÁ". Nuestro lema "GO FURTHER" muestra nuestra ilusión como empresa, como equipo y como individuos, no sólo para mejorar continuamente, ofrecer excelentes productos y lograr una empresa sólida, sino también ayudar, desde nuestros puestos de trabajo, a ir un paso más allá, y tratar de hacer de éste un mundo mejor para todos.

AGRADECIMIENTOS

"Un padre es un tesoro, un hermano es un consuelo;
un amigo es ambas cosas."

– Benjamin Franklin

Ante todo quiero resaltar que este libro es el reflejo de los deseos de muchas personas a las que he tenido la suerte de conocer. Es sobre todo resultado del gran apoyo que he recibido de todos los que, en el transcurso de los últimos 4 años, me habéis dado ánimos –e incluso presión en algunos casos– para que los conceptos aquí expuestos queden reflejados en un soporte físico que sirva como manual de referencia –como "mapa del tesoro"– que muestre el camino a seguir.

Quiero dar las gracias en primer lugar a las dos personas, dos magníficos profesionales, que han aportado respectivamente Prólogo y Epílogo de este libro, de forma completamente desinteresada:

- D. Antonio Asunción, ex Ministro del Interior del Gobierno de España, empresario y político, que ha aportado una visión global, clara y de conjunto, de la situación actual económica y política en la Unión Europea.
- D. Antonio Adés, ex Director de Fabricación de Ford España, que ha reflejado el punto de vista de la experiencia empresarial, tanto técnico como filosófico, y del duro esfuerzo del día a día para la mejora de la Competitividad, de una de las empresas clave en el desarrollo económico mundial: Ford Motor Company.

Quiero a continuación dar las gracias a las personas con las que tenido la suerte de trabajar y aprender en las diferentes empresas en las que he desarrollado mi experiencia empresarial: profesionales de muy alto nivel técnico, y de calidad personal y profesional, en Ford Motor Company y DHL/Exel Supply Chain, en España, Alemania y Estados Unidos, así como en las empresas españolas en las que trabajé como directivo a mi vuelta de América, y de los que guardo un bonito recuerdo y en muchos casos una gran amistad.

Quiero agradecer también el apoyo en la consecución de este libro a mis compañeros y amigos –profesores y personal administrativo– del Departamento de Organización de Empresas de la Universidad Politécnica de Valencia, del Instituto de Estudios de la Empresa de la Universidad Católica de Valencia, así como de La Universidad de La Florida, por su magnífica labor en docencia e investigación sobre desarrollo económico y empresarial, y con los que he tenido la oportunidad de comentar y compartir diferentes conceptos y puntos de vista, que me permitieron en su momento descubrir oportunidades que reflejo en este libro. El soporte en la generación de conocimiento, y la continua filosofía aperturista que las propias Universidades imprimen a través de tan magníficos profesionales, me ha sido de inestimable ayuda. Estoy encantado de mantener con ellos un contacto continuo y una cordial relación.

Quiero hacer así mismo especial mención al soporte recibido de mis colegas y amigos del Consejo de Colegios de Ingenieros Técnicos Industriales y de la Fundación Técnica Industrial en Madrid, por su predisposición e ilusión desde el primer día en el desarrollo de los conceptos aquí mostrados y por su apuesta firme en la transmisión del conocimiento; mención especial también al Colegio de Ingenieros Técnicos Industriales de la Comunidad Valenciana y al Colegio de Ingenieros Industriales de la Región de Murcia, por su esfuerzo actual en el traslado de este conocimiento a su colectivo; y a Adecco España, en su división de Training, por contar conmigo en la reciente puesta en marcha de lo que hemos decidido llamar "Escuela de Productividad", con el objetivo de trasladar el conocimiento al conjunto de empresas españolas.

Con todo mi cariño, quiero agradecer plenamente el apoyo continuo recibido de mis socios, colaboradores y de los múltiples clientes de HARMONY, empresa de Consultoría estratégica de Operaciones que pusimos en marcha en 2008 con el objetivo de poder trasladar a la sociedad el conocimiento y experiencia aquí expuestos, tanto a través de formación como de proyectos empresariales, para la mejora de la Competitividad, y que están tan motivados como yo para que este libro salga a la luz. Su soporte continuo y su amistad son muy especiales para mí. Así mismo, y aunque soy socio desde hace muy poco tiempo, quiero agradecer el apoyo recibido de mis compañeros y amigos del Rotary Club de Valencia, con los que comparto no sólo una creciente amistad sino también la importante visión altruista de aportación a la sociedad que Rotary implica, que me hace feliz y que este libro significa.

Por encima de todo, y sin que sirva de discriminación frente al resto, quiero dar las gracias a los integrantes de dos colectivos, para mí importantísimos y de los que estoy muy orgulloso:

- Por un lado, a los profesores del M.B.A. Industrial de la Universidad de la Florida, programa Máster en Dirección de Empresas donde hemos depositado el conocimiento clave que se muestra en detalle en este libro y que, con gran ilusión, pusimos en marcha en 2010. Ellos son el alma de este máster, y hacen un esfuerzo sobrehumano para aportar todo su conocimiento y experiencia empresarial. Muchos de ellos son profesionales que trabajan en las mejores empresas del mundo, y dedican tiempo del que no disponen, viajando en muchos casos incluso desde fuera de las fronteras del país, para trasladar este conocimiento a la sociedad. Su dedicación, esfuerzo, apoyo y amistad no tienen precio.

- Por otro lado, a mis alumnos de las Escuelas de Ingeniería del Diseño, de Ingenieros Industriales, y de la Facultad de Administración y Dirección de Empresas de la Universidad Politécnica de Valencia; a mis alumnos de los cursos de Lean Manufacturing de los diversos programas que hemos llevado a cabo en Universidades, Colegios Profesionales y empresas; y por supuesto, a mis alumnos del programa M.B.A. Industrial, impartido actualmente en La Universidad de la Florida en Valencia. Sin todos ellos, este libro no habría sido posible. El cariño y el apoyo que me han dado y me siguen proporcionando de continuo supone un gran aliciente para seguir al pie del cañón en la ardua labor de comunicación y desarrollo de los conceptos aquí mostrados. En realidad, yo sólo soy un mero facilitador; el trabajo más duro comienza ahora, a partir de la publicación de este libro: la capacidad de cambio en la sociedad está en vuestras manos... ¡Mil gracias!

Finalmente quiero agradecer todo el apoyo recibido a mi familia y amig@s; debido quizá a que sé que siempre puedo contar con ell@s en cualquier momento, no les dedico todo el tiempo que me gustaría. Independientemente de que compartamos más o menos tiempo juntos, sabed que os tengo siempre en mi corazón.

Tan solo espero que la lectura de este libro haya hecho reflexionar al lector y observar un punto de vista diferente. Agradezco plenamente a todos vosotros, los lectores, la compra de este libro, y estoy a disposición de quien lo requiera para comentar cualquier duda al respecto.

Quiero así mismo dar las gracias a mi editor, D. Vicente Vercher, de la editorial LA ROSELLA –www.editoriallarosella.com– por volcarse plenamente en el soporte a este libro y todo lo que lleva consigo.

Un fuerte abrazo a todos y mi cariño incondicional,

Gerardo

PERFIL DEL AUTOR

Gerardo Ibáñez
Ingeniero Industrial, M.B.A.

Gerardo Ibáñez –Valencia, España. 1972– es Ingeniero Industrial con especialidad en Organización y Gestión Industrial por la Universidad Politécnica de Valencia, y M.B.A. Industrial por la Universidad Católica de Valencia.

Comenzó su carrera profesional en el sector de la automoción, participando en la implantación del sistema Lean Manufacturing de Ford España. Ha sido Responsable de Planificación y Transporte, e Ingeniero de Proyectos Logísticos, para Ford Motor Company y otros múltiples clientes de DHL Exel Supply Chain en España, Alemania y Estados Unidos, Director de Logística para Alstom Transporte, y Director de Operaciones en el sector de la electrónica de consumo.

Actualmente es Socio Director de HARMONY –Consultoría Estratégica de Operaciones–, Director del Programa M.B.A. Industrial –Master in Business Administration– en La Universidad de La Florida (Valencia), y Director de Operaciones en el sector de la automoción.

Pertenece a la red de expertos en Lean "Lean Education Academic Network" con base en Estados Unidos, y a la red logística europea ELUPEG, formada por expertos en logística internacional y grandes empresas para la colaboración en la Supply Chain.

www.ingramcontent.com/pod-product-compliance
Lightning Source LLC
Chambersburg PA
CBHW060552210326
41519CB00014B/3452